Von der Freiheit eines Christenmenschen

Große Texte der Christenheit

1

Herausgegeben von
Dietrich Korsch und Johannes Schlling

Martin Luther

Von der Freiheit eines Christenmenschen

Herausgegeben und kommentiert
von Dietrich Korsch

EVANGELISCHE VERLAGSANSTALT
Leipzig

Bibliographische Information der Deutschen Nationalbibliothek
Die Deutsche Nationalbibliothek verzeichnet diese Publikation in
der Deutschen Nationalbibliografie; detaillierte bibliografische Daten
sind im Internet über ‹http://dnb.dnb.de› abrufbar.

© 2016 by Evangelische Verlagsanstalt GmbH, Leipzig
Printed in Germany · H 8046

Das Buch wurde auf alterungsbeständigem Papier gedruckt.

Cover: Makena Plangrafik, Leipzig
Satz: Evangelische Verlagsanstalt GmbH
Druck und Binden: CPI books GmbH, Leck

ISBN 978-3-374-04259-3
www.eva-leipzig.de

Vorwort

Von der Freiheit eines Christenmenschen – das ist die gegenwärtig wohl meistgelesene Schrift Martin Luthers. Dafür gibt es zwei Gründe. Erstens führt sie das Schlüsselwort der Moderne, die Freiheit, im Namen. Daher erwartet man von ihr eine Klärung, wenn nicht sogar eine Stärkung des unabschließbaren Freiheitsimpulses, der die Gegenwart bestimmt. Zweitens verspricht sie Auskunft zu geben über die Bedeutung der Freiheit für das persönliche Christsein. Das ist eine Frage, die sich insbesondere dem christlichen Glauben heute stellt.

Kann eine Schrift vom Anfang des 16. Jahrhunderts diese Erwartungen erfüllen? Die klare, von Fachbegriffen freie Sprache und die unpolemische Argumentation sprechen dafür. Jedoch gilt es, die historische Distanz wahrzunehmen und anzuerkennen, die eine unmittelbare Aneignung ausschließt. Die religiöse Situation Luthers ist nicht die unsere, und die Freiheitsvorstellungen seiner Zeit haben mit den modernen Ansichten wenig gemein. Darum muss eine interessierte Lektüre von Luthers Schrift beim genauen Verständnis des Textes in seinem geschichtlichen Horizont ansetzen, um auf dessen Grundlage die systematische Bedeutung ermitteln zu können. Einen solchen Weg möglich zu machen, ist die Absicht dieser Ausgabe, die eine authentische Fassung des Textes vorlegt und einen interpretierenden Kommentar anschließt. Die Pointe der Interpretation lautet: Das christliche Verständnis der Freiheit eröffnet eine eigene, freie Sicht auf moderne Freiheitsbegriffe, weil sich Christsein als Vollzug von Freiheit darstellt. Beide, Freisein und Christsein, haben dieselbe Wurzel: Jesus Christus in Person.

Der hier vorgelegte Text ist die deutsche Fassung der Freiheitsschrift. Sie erscheint in der aus der Erstausgabe Wittenberg 1520 erhobenen frühneuhochdeutschen Fassung in einer uns geläufigen Drucktype und wird von meiner am gegenwärtigen Deutsch orientierten Übersetzung begleitet. Damit wird es möglich, auf den linken Seiten der Ausgabe Luthers eigene Sprache im originalen Wortlaut zu studieren. Das ist insbesondere darum von Bedeutung, weil sich nur so die für Luthers Stil eigentümliche Rhetorik erschließt. Eine mehrfache Lektüre jedes einzelnen Abschnitts lässt den Text auch für ein heutiges Sprachverständnis zugänglich werden. Gleichwohl sind die sprachlichen Verschiebungen im Deutschen seit Luthers Zeit so auffällig, dass eine rasche Lektüre im größeren Zusammenhang kaum ohne Übung möglich wird. Zudem geht für uns ein wesentliches Merkmal von Luthers Schriften verloren: ihre Nähe zur alltäglich gesprochenen Sprache. Diese Nähe erneut ahnen zu lassen, ist die Absicht der Übersetzung auf der jeweils rechten Seite. Der Textteil dieser Ausgabe lässt sich mithin auf zweifache Weise erschließen. Die beste Art ist zweifellos, den frühneuhochdeutschen Text langsam, womöglich laut und mehrfach, zu lesen – und in Zweifelsfällen auf die Übersetzung zu schauen. Die andere Art besteht darin, den Zusammenhang des Textes im Überblick durch die Übersetzung wahrzunehmen – und dann zur Verdichtung und Vertiefung, gegebenenfalls auch zur Verbesserung der Übersetzung, den Originaltext zu Rate zu ziehen. Wer sich mit dem Fluss des Textes vertraut gemacht hat, dem sei geraten, auch einmal auf die elektronische Ressource des Originals zuzugreifen: Es ist erstaunlich, in wie kurzer Zeit nach der Erfindung des Buchdrucks mit beweglichen Lettern die Drucker sehr gut lesbare Schriften und Formate gefunden haben. Die wenigen Abkürzungen lassen sich leicht auflösen.

Der Kommentar setzt die Schrift Luthers als einen historischen Text voraus, der gleichwohl systematisch zu beurteilende Argumente enthält. Der historische Abstand ist keine sachliche Abständigkeit – es wird ja auch niemand Texte Platons deswegen für antiquiert erachten, weil sie der griechischen Antike entstammen. Der Kommentar folgt dem Text, tut das aber stets so, dass er auf die dort vorhandenen und auch im heutigen Kontext diskutablen Gründe verweist. Die Verbindung von authentischem Text und erläuterndem Kommentar will dem Zweck dienen, diesen großen Text der Christenheit als einen Beitrag zum gegenwärtigen Christsein verstehen und würdigen zu können. Meinem Freund Johannes Schilling danke ich für seine sorgfältige Durchsicht des Kommentars, die ihn maßgeblich gebessert hat.

Es handelt sich hier um den ersten Band der von Johannes Schilling und mir verantworteten Reihe „Große Texte der Christenheit", die weitere Dokumente der christlichen Literatur durch Textausgabe und Erläuterung für die Gegenwart erschließen möchte. In diese Reihe aufgenommen werden Texte, die die gedankliche Klarheit des Glaubens für interessierte Christenmenschen fördern wollen, sowie Texte, die alle diejenigen kennen sollten, die sich heute über das Christentum äußern.

Dietrich Korsch

März 2016

Martin Luther nach Lucas Cranach d. Ä.
Übersetzung der Bildunterschrift: Die ewigen Gottesbilder seines
Geistes drückt Luther selber aus, jedoch das Wachs des Lucas seine ver-
gänglichen Gesichtszüge – 1520.

Inhalt

A Der Text 11

B Erläuterungen 69

   1. Zum Text 70

   2. Zur Geschichte 71

   3. Zur Erklärung 74

     I Christsein ist Freisein durch Christus § 1–2 75
       1. Freiheit und Dienstbarkeit und ihr Grund
         in Christus 75
       2. Die Doppelnatur des Menschen und
         die Notwendigkeit ihrer Verwandlung 82

     II Der innere Mensch: Freiheit im Glauben § 3–18 89
       1. Der Weg in die Freiheit des Glaubens 89
       2. Die Gestalt der Freiheit 117
         2.1 Gott anerkennen – mit Christus eins sein 118
         2.2 Das Erste Gebot erfüllen, König und Priester sein 122

     III Der äußere Mensch: Handeln aus Freiheit § 19–30 139
       1. Der eigene Leib als inneres Gegenüber 139
       2. Der andere Mensch als äußeres Gegenüber 151

C Anhang 165

   Gliederung von Luthers Freiheitsschrift 166

   Literatur 167

   Zeittafel 168

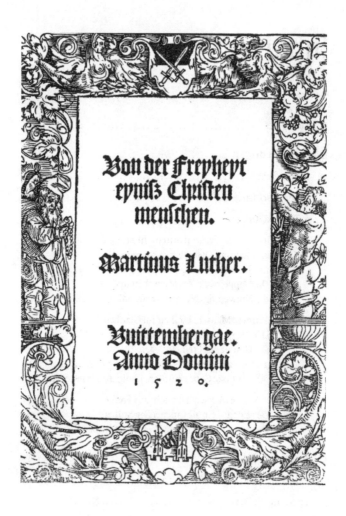

Von der Freyheyt
eynisz Christen
menschen.

Martinus Luther.

Buittembergae.
Anno Domini
1 5 2 0.

Der hier abgedruckte Text ist der von Johannes Schilling mit Albrecht
Beutel, Dietrich Korsch, Notger Slenczka und Helmut Zschoch hrsg.
Deutsch-Deutschen Studienausgabe (DDStA) entnommen, Bd. 1: Glaube
und Leben, hrsg. von Dietrich Korsch, Leipzig 2012, 277–315.

A
Der Text

Dem fursichtigen vnd weyszen hern Hieronymo Můl-
phordt Staduogt zu Zwyckaw meynem besondern gůns-
tigen freund vnd Patron Empiete ich genantt Doktor Martinus Luther Augustiner meyne willige dienst vnnd allis
guttis.

Fursichtiger weyszer Herr / vnd Gůnstiger freund / der
wirdig Magister Iohan Egran / ewr lőblichen stat Prediger /
hat mir hoch gepreysset ewr lieb vnd lust / szo yhr zu der
heyligen schrifft traget / wilch yhr auch emszlich bekennen
vnd fur den menschen zu preyszen nit nachlasset. Derhalben er begeret / mich mit euch bekennet zu machen / byn
ich gar leychtlich willig vnd frőlich des beredt / denn es mir
eyn sondere freudt ist / tzu hőren / wo die gottlich warheyt
geliebt wirt / der leyder szo vill / vnd die am meysten / die
sich yhres titels auffwerffen / mit aller gewalt vnd list wid-
derstreben / wie wol es alszo seyn musz / das an Christum
/ zu eynem ergernis vnd tzeychen gesetzt / dem widder-
sprochen werden musz / vill sich stossen / fallen / vnd auf-
ferstahen mussen. Darumb hab ich an zu heben vnszer
kundschafft vnd freuntschafft / disz tractatell vnnd Sermon
euch wollen zuschreyben / ym deutschen / wilchs ich lati-
nisch dem Bapst hab zu geschrieben / damit fur yderman /
meyner lere vnd schreyben / von dem Bapstum / nit eyn vor-
weyszlich / als ich hoff / vrsach angetzeygt. Befill mich hie
mit / euch / vnd allsampt / gottlichen gnaden. AMEN. Zu
Wittembergk. 1520.

Ihesus.
Zum ersten. Das wir grundlich můgen erkennen / was eyn
Christen mensch sey / vnd wie es gethan sey / vmb die frey-
heyt / die yhm Christus erworben vnd geben hatt / dauon S.
Paulus viel schreybt / will ich setzen / dysze zween beschlusz.

Dem umsichtigen und weisen Herrn Hieronymus Mühl-
pfordt, Stadtvogt zu Zwickau, meinem besonderen, wohl-
gesonnenen Freund und Patron, entbiete ich, Doktor Martin Luther, Augustiner, meinen willigen Dienst und alles
Gute.

Umsichtiger weiser Herr und wohlgesonnener Freund,
der ehrwürdige Magister Johannes Egranus, Prediger eurer
löblichen Stadt, hat mir Eure Liebe und Lust gepriesen, die
Ihr zu der Heiligen Schrift habt, welche Ihr auch eifrig be-
kennt und nicht aufhört, sie vor den Menschen zu preisen.
Da er mich mit Euch bekannt machen möchte, bin ich zu
solcher Bekanntschaft gern bereit und fröhlich dafür ge-
wonnen; denn es ist mir eine besondere Freude zu hören, wo
die göttliche Wahrheit geliebt wird, der leider so viele – und
am meisten die, die sich ihres Titels brüsten – mit aller Gewalt und List widerstreben. Aber es muss so sein, dass sich an
Christus, der als ein Zeichen und zum Ärgernis gesetzt ist,
viele stoßen, fallen und auferstehen. Darum habe ich, um
den Anfang unserer Bekanntschaft und Freundschaft zu
machen, Euch diesen Traktat, diese Predigt, auf Deutsch
widmen wollen, welche ich auf Lateinisch dem Papst gewidmet habe. Damit habe ich jedermann den Grund meiner
Lehre und meines Schreibens vom Papsttum angezeigt, der,
wie ich hoffe, untadelig ist. Hiermit befehle ich mich mit
Euch und allen Menschen der göttlichen Gnade an. Amen.
Zu Wittenberg. 1520.

Jesus.
Zum Ersten. Damit wir gründlich erkennen, was ein Christenmensch ist und wie es mit der Freiheit steht, die ihm
Christus erworben und gegeben hat, wovon Paulus viel
schreibt, will ich diese zwei Sätze aufstellen:

Eyn Christen mensch ist eyn freyer herr / über alle ding / vnd niemandt vnterthan.

Eyn Christen mensch ist eyn dienstpar knecht aller ding[1] vnd yderman vnterthan.

Disze zween beschlůsz seynd klerlich sanct Paulus. 1. Cor. 9. Ich byn frey yn allen dingen / vnd hab mich eynsz yderman knecht gemacht.[2] Item Ro. 13. Ihr solt niemand ettwaz vorpflichtet seyn / den daz yr euch vnternander liebet.[3] Lieb aber / die ist / dienstpar / vnd vnterthan dem das sie lieb hatt. Alszo auch von Christo Gal. 4. Gott hatt seynen szon auszgesandt / von eynem weyb geporen vnd dem gesetz vnterthan gemacht.[4]

Czum andern / Disze zwo widderstendige rede / der freyheyt vnd dienstparkeyt zuuornehmen / sollen wir gedencken / das eyn yglich Christen mensch ist zweyerley natur / geystlicher vnd leyplicher. Nach der seelen wirt er eyn geystlich / new / ynnerlich mensch genennet / nach dem fleysch vnd blut wirt er eyn leyplich allt vnd euszerlich mensch genennet. Vnd vmb diszes vnterschiedisz willen / werden von yhm gesagt yn der schrifft / die do stracks widdernander seyn / wie ich itzt gesagt / von der freyheyt vnd dienstparkeit.

Czum dritten / So nhemen wir fur vns den ynwendigen geystlichen menschen / zusehen was datzu gehőre / daz er eyn frum frey / Christen mensch sey vnd heysse. So ists offenbar / das keyn euszerlich ding mag yhn frey / noch frum machen / wie es mag ymmer genennet werden / denn seyn frumkeyt vnd freyheyt / widerumb seyn bőszheyt vnd gefencknisz / seyn nit leyplich noch euszerlich. Was hilffts die seelen / das der leyp / vngefangen / frisch vnd gesund ist / ysszet / trinckt / lebt / wie er will? Widderumb was schadet das der seelen / das der leyp / gefangen krang vnd matt ist / hungert / dűrstet vnd leydet /

---

[1] ding vnd A. [2] 1Kor 9,19; 1. Cor 12. A. [3] Röm 13,8. [4] Gal 4,4.

Ein Christenmensch ist ein freier Herr über alle Dinge und niemandem untertan.

Ein Christenmensch ist ein dienstbarer Knecht aller Dinge und jedermann untertan.

Diese zwei Sätze liegen klar bei Paulus vor. 1Kor 9: Ich bin frei in allen Dingen und habe mich zu jedermanns Knecht gemacht. Ebenso Röm 13: Ihr sollt niemandem etwas schuldig sein, außer dass ihr einander liebt. Liebe aber, die ist dienstbar und untertan dem, was sie liebt. Ebenso heißt es von Christus Gal 4: Gott hat seinen Sohn gesandt, von einem Weib geboren und dem Gesetz untertan gemacht.

Zum Zweiten. Um diese beiden widersprüchlichen Redeweisen von der Freiheit und der Dienstbarkeit zu verstehen, müssen wir daran denken, dass ein jeder Christenmensch von zweierlei Natur ist, von geistlicher und leiblicher. Nach der Seele wird er ein geistlicher, neuer, innerer Mensch genannt, nach Fleisch und Blut wird er ein leiblicher, alter und äußerer Mensch genannt. Wegen dieses Unterschiedes werden in der Schrift Sätze gesagt, die sich strikt widersprechen, so wie ich jetzt von Freiheit und Dienstbarkeit gesprochen habe.

Zum Dritten. Zuerst nehmen wir uns den inwendigen, geistlichen Menschen vor, um zu sehen, was dazu gehört, dass er ein rechter, freier Christenmensch sei und heiße. Hier ist es offensichtlich, dass kein äußerliches Ding ihn frei und recht machen kann, welches man auch immer vorbringen könnte. Denn sein Rechtsein und seine Freiheit, wie umgekehrt auch seine Bosheit und seine Gebundenheit, sind weder leiblich noch äußerlich. Was hilft es der Seele, dass der Leib ungebunden, frisch und gesund ist, dass er isst, trinkt, lebt, wie er will? Umgekehrt, was schadet es der Seele, dass der Leib gebunden, krank und matt ist, dass er hungert, dürstet und leidet, wie er nicht gerne will? Nichts davon reicht an die Seele

wie er nit gerne wolt? Diszer ding reychet keynisz / bisz an die
seelen / sie zu befreyhen oder fahen / frum oder bősze zu machen.

Czum vierden / Alszo hilffet[5] es die seele nichts / ob der
leyp heylige kleyder anlegt / wie die priester vnd geystlichen
thun / auch nit ob er ynn den kirchen vnd heyligen stetten
sey. Auch nit ob er mit heyligen dingen vmbgah. Auch nit ob
er leyplich bette / faste / walle / vnd alle gute werck thue / die
durch vnd ynn dem leybe geschehen mochten ewiglich. Es
musz noch allis etwas anders seyn / das der seelen bringe vnd
gebe frumkeyt vnd freyheyt. Denn alle disze obgenanten
stuck / werck vnd weyszen / mag auch an sich haben vnd
üben / eyn bőszer mensch / eyn gleyszner vnd heuchler. Auch
durch solch weszen keyn ander volck / denn eyttell gleyszner
werden. Widderumb / schadet es der seelen nichts / ob der
leyp vnheylige kleyder tregt / an vnheyligen őrten ist / yszt /
trinckt / wallet / bettet nit / vnd lessit alle die werck onste-
hen / die die őbgenanten gleyszner thun.

Czum funfften / Hatt die seele keyn ander dinck / widder
yn hymel noch auff erden / darynnen[6] sie lebe / frum / frey /
vnd Christen sey / den das heylig Euangelij / das wort gottis
von Christo geprediget. Wie er selb sagt. Ioh. 11. Ich byn daz
leben vnd aufferstehung / wer do glaubt yn mich / der lebet
ewiglich.[7] Item. 14. Ich byn der weg / die warheyt / vnd das leben.[8] Item Matt. 4. Der mensch lebet nit alleyn von dem brot/
sondern von allen worten die do gehen von dem mund gottis.[9] So mussen wir nu gewisz seyn / das die seele kan allis
dings emperen on des worts gottis / vnd on das wort gottis /
ist yhr mit keynem ding beholffen. Wo sie aber das wort hatt /
szo darff sie auch keynesz andern dings mehr / sondern / sie
hat in dem wort / gnugde / speisz freud / frid / licht / kunst /

---

[5] hilfftet A. [6] erden darynnen / A. [7] Joh 11,25. [8] Joh 14,6; 17 A. [9] Mt 4,4.

heran, um sie zu befreien oder zu binden, recht oder schlecht zu machen.

Zum Vierten. Dementsprechend hilft es der Seele nicht, wenn der Leib heilige Kleider anlegt, wie es die Priester und Geistlichen tun, auch nicht, wenn er sich in Kirchen und an heiligen Orten aufhält – ebenso wenig, wenn er mit heiligen Dingen umgeht. Und es hilft auch nicht, wenn er bloß mit Worten betet, fastet, pilgert und alle guten Werke tut, die durch den Leib und in ihm überhaupt nur geschehen könnten. Es muss noch etwas ganz anderes sein, das der Seele Rechtsein und Freiheit bringt und gibt. Denn all die genannten Dinge, Tätigkeiten und Handlungsweisen kann auch ein böser Mensch an sich haben und ausüben, ein Blender und Heuchler. So entsteht durch solch ein Wesen ein Volk von lauter Heuchlern. Umgekehrt schadet es der Seele nicht, wenn der Leib unheilige Kleider trägt, an unheiligen Orten ist, nicht isst, trinkt, pilgert und betet und all die Werke nicht vollbringt, die die genannten Heuchler tun.

Zum Fünften. Es hat die Seele nichts anderes, weder im Himmel noch auf Erden, worin sie leben kann, recht, frei und Christ sein, als das heilige Evangelium, das Wort Gottes von Christus gepredigt. Wie er selbst Joh 11 sagt: Ich bin das Leben und die Auferstehung. Wer an mich glaubt, der lebt ewiglich. Ebenso Joh 14: Ich bin der Weg, die Wahrheit und das Leben. Ebenso Mt 4: Der Mensch lebt nicht vom Brot allein, sondern von allen Worten, die aus dem Mund Gottes gehen. Daher müssen wir nun gewiss sein, dass die Seele alle Dinge entbehren kann bis auf das Wort Gottes, und ohne Gottes Wort ist ihr durch gar nichts geholfen. Wenn sie aber das Wort hat, so braucht sie sonst nichts mehr, sondern sie hat an dem Wort Genüge, hat Speise, Freude, Frieden, Licht, Erkenntnis, Gerechtigkeit, Wahrheit, Weisheit, Freiheit und alles Gute im

gerechtickeyt / warheyt / weyszheyt / freyheit vnd allis gutt
überschwenglich. Alszo leszen wir ym Psalter sonderlich ym
.118. psalm[10] / das der prophet nit mehr schreyet den nach
dem gottis wort. Vnd yn der schrifft die aller hochste plag vnd
gottis zorn gehalten wirt / szo er seyn wort von den menschen
nympt[11] / Widderumb keyn grósser gnade / wo er seyn wort
hyn sendet / wie psalmus .106. stet. Er hat seyn wort ausz gesandt / damit er yhn hatt geholffen.[12] Vnd Christus vmb
keyns andern ampts willen[13] / den zu predigen das wort gottis kummen ist. Auch alle Apostell / Bischoff / priester vnd
gantzer geystlicher stand / alleyn vmb des worts willen ist be-
ruffen vnd eyngesetzt / wie woll es nu leyder anders gaht.

Czum sechsten / Fragistu aber / wilchs ist denn das wort
das solch grosse gnad gibt. Vnd wie sol ichs gebrauchen? Antwort. Es ist nit anders / denn die predigt von Christo geschehen wie das Euangelium ynnehelt. Wilche soll seyn / vnd ist
alszo gethan / das du hórist deynen gott zu dir reden / Wie
alle deyn leben vnd werck / nichts seyn fur gott / sondern
múszsist / mit allen dem das ynn dir ist ewiglich vorterben.
Wilchs szo du recht glaubst / wie du schuldig bist / so mustu
an dir selber vortzweyffelnn / vnd bekennen / das war sey der
spruch Osee. O Israel yn dir ist nichts / denn deyn vorterben /
alleyn aber yn mir steht deyn hulff.[14] Das du aber ausz dir vnd
von dir / das ist ausz deynem vorterbenn kommen múgist /
szo setzt er dir fur / seynen lieben szon Ihesum Christum /
vnd leszsit dir durch seyn lebendigs trostlichs wort sagen. Du
solt ynn den selben mit festem glauben dich ergeben / vnd
frisch ynn yhn vortrawen. So sollen dir vmb desselben glaubens willen/ alle deyne sund vorgeben / alle deyn vorterben
vberwunden seyn / vnd du gerecht / warhafftig / befridet /

---

[10] Ps 119. [11] Am 8,11 f. [12] Ps 107,20; 104 A. [13] geholffen A. [14] Hos 13,9.

Überschwang. Entsprechend lesen wir im Psalter, besonders im Ps 119, dass der Prophet nach nichts sonst schreit als nach Gottes Wort. Und in der Schrift wird es für die allerhöchste Plage und Gottes Zorn gehalten, wenn er sein Wort den Menschen entzieht. Umgekehrt gibt es keine größere Gnade, als wenn er sein Wort hinsendet, wie in Ps 107 steht: Er hat sein Wort ausgesandt, damit hat er ihnen geholfen. Und Christus ist um keines anderen Amtes willen gekommen, als um das Wort Gottes zu predigen. Auch alle Apostel, Bischöfe, Priester und der ganze geistliche Stand sind allein um des Wortes Gottes willen berufen und eingesetzt – obwohl es nun leider anders zugeht.

Zum Sechsten. Fragst du aber: Was ist denn das Wort Gottes, das eine so große Gnade gibt? Und wie soll ich es gebrauchen?, dann lautet die Antwort: Es ist nichts anderes als die Predigt von Christus, die so geschehen ist, wie sie das Evangelium enthält. Die soll so beschaffen sein und sie geschieht auch so, dass du deinen Gott zu dir reden hörst, wie sehr all dein Leben und alle deine Taten nichts vor Gott gelten, sondern dass du mit all dem, was in dir ist, in Ewigkeit zugrunde gehen musst. Wenn du das recht glaubst, wozu du verpflichtet bist, dann wirst du an dir selbst verzweifeln und du wirst bekennen, dass das Wort Hoseas wahr ist: O Israel, in dir ist nichts als dein Verderben, allein in mir aber besteht deine Hilfe. Damit du aber aus dir und von dir, das heißt: aus deinem Verderben, herauskommen kannst, stellt er seinen lieben Sohn Jesus Christus vor dich hin und lässt dir durch sein lebendiges, tröstliches Wort sagen: Du sollst dich ihm mit festem Glauben überlassen und frisch auf ihn vertrauen. So sollen dir um dieses Glaubens willen alle deine Sünden vergeben und soll all dein Verderben überwunden sein, und du sollst gerecht, wahrhaftig, befriedet, recht sein; alle Gebote

frum / vnd alle gebott erfullet seyn / von allen dingen frey sein. Wie S. Paulus sagt. Ro. 1. Ein rechtfertiger Christen / lebt nur von seynem glauben.[15] Vnd Ro. x. Christus ist das ende vnd fülle aller gebot / denen / die ynn yhn glauben.[16]

Czum siebenden. Drumb solt das billich aller Christen eynigs werck vnd übung seyn / das sie das wort vnd Christum wol ynn sich bildeten/ solchen glauben stetig vbeten vnd sterckten. Denn keyn ander werck / mag eynen Christen machen. Wie Christus Ioh. 6. zu den Iuden sagt / da sie yhn fragten / was sie fur werck thun solten / daz sie gottlich vnd Christlich werck thetten. Sprach er. Das ist das eynige gotliche werck / das yhr glaubt yn denen / den gott gesandt hatt.[17] Wilchen gott der vatter allein auch dartzu vorordnet hatt. Darumb ists gar ein vberschwencklich reychtumb / ein rechter glaub yn Christo / denn er mit sich bringt alle seligkeit / vnd abnympt alle vnseligkeyt. Wie Mar. vlt. Wer do glaubt vnd taufft ist / der wirt selig. Wer nit glaubt / der wirt vordampt.[18] Darumb der prophet Isa. x. Den reychtumb des selben glaubens ansach vnd sprach. Gott wirt eyn kurtz summa machen auff erden / vnd die kurtz summa wirt / wie ein syndflut eynfliessen die gerechtickeit[19] / das ist / der glaub / darynn kurtzlich aller gebot erfullung steht/ wirt vberflussig rechtfertigen alle die yhn haben / das sie nichts mehr bedurffen / das sie gerecht vnd frum seyn. Alszo sagt S. Pauel Ro. x. Das man von hertzen glaubt / das macht eynen gerecht vnd frum.[20]

Czum achten / Wie gaht es aber zu / das der glaub allein mag frum machen / vnd on alle werck szo überschwencklich reychtumb geben / szo doch souill gesetz / gebot / werck / stend vnd weysze vns furgeschrieben seyn / ynn der schrifft. Hie ist fleyszsig zu mercken / vnd yhe mit ernst zubehalten /

---

[15] Röm 1,17. [16] Röm 10,4. [17] Joh 6,28 f. [18] Mk 16,16. [19] Jes 10,22. [20] Röm 10,10.

sollen erfüllt und du sollst von allen Dingen frei sein, wie
Paulus Röm 1 sagt: Ein gerechtfertigter Christ lebt nur von
seinem Glauben. Und Röm 10: Christus ist das Ende und die
Vollendung aller Gebote für die, die an ihn glauben.

Zum Siebten. Darum soll von Rechts wegen das einzige
Werk und die einzige Übung aller Christen sein, dass sie sich
das Wort und Christus recht einprägen, solchen Glauben stetig üben und stärken. Denn nichts anderes kann einen Christen machen. Dementsprechend antwortete Christus den Juden Joh 6 auf ihre Frage, was sie tun sollten, um gottgefällig
und christlich zu handeln: Das ist das einzige Werk, das Gott
gefällt, dass ihr an den glaubt, den Gott gesandt hat, den Gott,
der Vater allein dazu bestimmt hat. Darum ist ein rechter
Glaube an Christus ein ganz überschwänglicher Reichtum,
denn er bringt alle Seligkeit mit sich und nimmt alle Unse-
ligkeit weg, wie es Mk 16 heißt: Wer da glaubt und getauft
wird, der wird selig. Wer nicht glaubt, der wird verdammt.
Darum sah der Prophet Jesaja den Reichtum des Glaubens an
und sprach Jes 10: Gott wird ein rasches Ende machen auf Erden, und an diesem raschen Ende wird wie eine Sintflut die
Gerechtigkeit einfließen. Das heißt: Der Glaube, in dem kurz
und knapp die Erfüllung aller Gebote besteht, wird alle diejenigen, die ihn haben, im Überfluss rechtfertigen, so dass sie
nichts mehr brauchen, um gerecht und gut zu sein. Ebenso
sagt Paulus Röm 10: Dass man von Herzen glaubt, das macht
einen Menschen gerecht und gut.

Zum Achten. Wie geht es aber zu, dass der Glaube allein
gerecht machen und ohne alle Werke so überschwänglichen
Reichtum geben kann, da uns doch in der Schrift so viele Gesetze, Gebote und Werke, Ordnungen und Handlungsweisen
vorgeschrieben sind? Hier ist sorgfältig zu beachten und mit
Ernst festzuhalten, dass allein der Glaube ohne alle Werke ge-

daz allein der glaub on alle werck frum / frey / vnd selig ma-
chet / wie wir hernach mehr hören werden Vnd ist zu wissen /
das die gantze heylige schrifft / wirt yn zweyerley wort ge-
teyllet / wilche seyn. Gebot oder gesetz gottis / vnd vorhey-
schen oder zusagunge. Die gebott / leren vnd schreyben vns
fur / mancherley gutte werck aber damit seyn sie noch nit geschehen. Sie weyszen wol / sie helffen aber nit/ leren was man
thun soll / geben aber keyn sterck dartzu. Darumb seyn sie
nur datzu geordnet / das der mensch drynnen sehe sein vnuormügen zu dem gutten / vnd lerne an yhm selbs vor-
tzweyffeln. Vnd darumb heyssen sie auch das alte testament /
vnd gehören alle ynsz alte testament. Als / das gebott / Du solt
nit bösz begird haben[21] / beweysset das wir allesampt sunder
seyn / vnd kein mensch vormag / zu sein on bösze begirde / er
thue was er will / Darausz er lernet an yhm selbs vortzagen
vnd anderszwo zu suchen hulff / das er on bösze begird sey/
vnnd alszo das gebott erfulle / durcheynen andern / das er
ausz yhm selb nit vormag / alszo sein auch alle andere gebott /
vns unmuglich.

Czum neunden / Wen nu der mensch ausz den gebotten
sein vnuormügen gelernet vnd empfunden hatt / das yhm nu
angst wirt / wie er dem gebott gnug thue. Seyntemal das gebot musz erfullet seyn / oder er musz vordampt seyn. So ist er
recht gedemütigt vnd zu nicht worden / ynn seynen augen /
findet nichts yn yhm damit er müg frum werden. Dan szo
kumpt das ander wort. Die gottlich vorheyschung vnd zusagung / vnd spricht / wiltu alle gepott erfullen / deyner bösen
begirde vnd sund losz werden / wie die gebott zwyngen vnd
foddern. Sihe da / glaub in Christum / yn wilchem ich dir zu-
sag / alle gnad / gerechtickeyt/ frid vnd freyheyt / glaubstu so

---

[21] Ex 20,17.

recht, frei und selig macht, wie wir später ausführlicher hören werden. Es gilt nämlich zu wissen, dass die ganze Heilige Schrift in zweierlei Worte aufgeteilt wird: Gebot oder Gesetz Gottes und Verheißung oder Zusage. Die Gebote lehren und schreiben uns mancherlei gute Werke vor, aber damit sind diese noch nicht geschehen. Sie weisen zwar an, aber sie helfen nicht; sie lehren, was man tun soll, geben aber keine Kraft dazu. Daher sind sie nur darum angeordnet, dass der Mensch in ihnen sein Unvermögen zum Guten erkenne und lerne, an sich selbst zu verzweifeln. Darum heißen sie auch Altes Testament und gehören alle ins Alte Testament. So beweist etwa das Gebot: Du sollst keine böse Begierde haben, dass wir allesamt Sünder sind und dass kein Mensch ohne böse Begierde zu sein vermag, er tue, was er wolle. Daraus lernt er, an sich selbst zu verzagen und anderswo Hilfe zu suchen, um ohne böse Begierde zu sein und so das Gebot auf eine andere Weise zu erfüllen, als er aus sich selbst vermag. Und ebenso ist es für uns unmöglich, auch alle anderen Gebote zu erfüllen.

Zum Neunten. Wenn nun der Mensch aus den Geboten sein Unvermögen gelernt und gespürt hat, so dass ihm nun Angst wird, wie er denn dem Gebot Genüge tue – zumal das Gebot erfüllt sein muss, oder er muss verdammt sein –, so ist er recht gedemütigt und in seinen eigenen Augen zunichte geworden; er findet nichts in sich, wodurch er gerecht werden könnte. Dann jedoch kommt das andere Wort, die göttliche Verheißung und Zusage, und spricht: Willst du alle Gebote erfüllen, deine böse Begierde und Sünde los werden, wie die Gebote erzwingen und fordern, siehe da, glaube an Christus, in welchem ich dir alle Gnade, Gerechtigkeit, Frieden und Freiheit zusage. Glaubst du, so hast du. Glaubst du nicht, so hast du nicht. Denn was dir unmöglich ist durch alle Werke der

hastu / glaubstu nit / so hastu nit. Den das dir vnmuglich ist / mit allen wercken der gebott / der vill vnd doch keyn nutz seyn mussen / das wirt dir leycht vnd kurtz / durch den glauben. Den ich hab kurtzlich / yn den glauben gestellet alle ding / das/ wer yhn hat / sol alle ding haben vnd selig seyn / wer yhn nit hatt/ soll nichts haben. Alszo geben die zusagung gottis / was die gepott erfoddern / vnd volnbringen / was die gepott heyssen / auff das es allis gottis eygen sey. Gepot vnd erfullung / er heysset allein / er erfullet auch alleyn. Darumb seyn die zusagung gottis / wort des newen testaments vnd gehoren auch yns newe testament.

Czum tzehenden / Nu seyn disze vnd alle gottis wort / heylig / warhafftig / gerecht / fridsam / frey vnd aller gůtte voll / darumb wer yhn mit eynem rechten glauben anhangt / des seele wirt mit yhm voreynigt/ szo gantz vnd gar / das alle tugent des worts / auch eygen werden der seelen / Vnd alszo durch den glauben / die seele von dem gottis wort/ heylig / gerecht / warhafftig / fridsam / frey / vnd aller gůtte voll / eyn warhafftig kind gottis wirt / wie Iohan. 1. sagt. Er hatt yhn geben / das sie mugen kynder gottis werden alle die ynn seynem namen glauben.[22]

Hierausz leychtlich zu mercken ist / warumb der glaub szo vill vormag / vnd das keyne gutte werck yhm gleych seyn mugen / Den keyn gut werck / hanget an dem gottlichen wort / wie der glaub / kan auch nit yn der seelen seyn / sondern alleyn das wort vnd glaube regiren / yn der seelen / Wie daz wort ist / szo wirt auch die seele von yhm / gleych / als das eyssen wirt gluttrodt wie das fewr ausz der voreynigung mit dem fewr. Alszo sehen wir / das an dem glaubenn eyn Christen mensch gnug hatt/ darff keynis wercks / das er frum sey / darff er den

---

[22] Joh 1,12.

Gebote, von denen es viele gibt und die doch keinen Nutzen haben können, das wird dir leicht und geschieht rasch durch den Glauben. Denn ich habe schlichtweg alle Dinge in den Glauben eingeschlossen, so dass der, der ihn hat, alle Dinge haben und selig sein soll; wer ihn nicht hat, der soll nichts haben. Daher geben die Zusagen Gottes, was die Gebote fordern, und vollbringen, was die Gebote befehlen, damit alles bei Gott steht, Gebot und Erfüllung: Er befiehlt allein, er erfüllt auch allein. Darum sind die Zusagen Gottes Worte des Neuen Testaments und gehören auch ins Neue Testament.

Zum Zehnten. Also sind diese und alle Worte Gottes heilig, wahrhaftig, gerecht, friedfertig, frei und voll aller Güte. Wer ihnen darum mit einem rechten Glauben anhängt, dessen Seele wird mit diesem Wort vereinigt, so ganz und gar, dass alle Eigenschaften des Wortes auch der Seele zu eigen werden und dass so durch den Glauben die Seele durch Gottes Wort heilig, gerecht, wahrhaft, friedfertig, frei und aller Güte voll, ein wahrhaftiges Kind Gottes wird, wie Joh 1 sagt: Er hat ihnen gegeben, dass sie Kinder Gottes werden sollen, alle, die an seinen Namen glauben.

Hieraus ist leicht zu erkennen, warum der Glaube so viel vermag und dass keine guten Werke ihm gleich sein können. Denn kein gutes Werk hängt am göttlichen Wort wie der Glaube, es kann auch nicht in der Seele sein, sondern allein das Wort und der Glaube regieren in der Seele. Wie das Wort ist, so wird durch es auch die Seele, ebenso wie das Eisen durch die Vereinigung mit dem Feuer glutrot wird wie das Feuer. So sehen wir, dass ein Christenmensch am Glauben genug hat, dass er kein Werk braucht, um gerecht zu sein. Bedarf er aber keines Werkes mehr, dann ist er gewiss von allen Geboten und Gesetzen entbunden. Ist er entbunden, so ist er gewiss frei. Das ist die christliche Freiheit, der eine Glaube, der nicht zur

keynis wercks mehr / szo ist er gewiszlich empunden von allen
gepotten vnd gesetzen / ist er empunden / so ist er gewiszlich
frey / Das ist die Christlich freiheit / der eynige glaub / der do
macht / nit das wir mûszsig gahn oder ûbell thun mugen / sondern das wir keynis wercks bedurffen zur frumkeyt vnd seligkeyt zu erlangen / dauon wir mehr hernach sagen wollen.

Czum eylfften / Weytter ists mit dem glauben alszo gethan / das / wilcher dem andern glaubt / der glaubt / yhm darumb. das er yhn fur eynen frumen warhafftigen man achtet /
wilchs die grôszte ehre ist / die ein mensch dem andern thun
kan / als widder umb die grôszte schmach ist / szo er yhn fur
eynen loszen lugenhafftigen leychtfertigen man achtet. Alszo
auch wenn die seele gottis wort festiglich glaubt / szo helt sie
yhn fur warhafftig / frum vnd gerecht / da mit sie yhm thut
die aller grôszsiste ehre / die sie yhm thun kann / denn da gibt
sie yhm recht / da lessit sie yhm recht / da ehret sie seynen namen / vnd lessit mit yhr handeln wie er will / denn sie zweyf-
felt nit er sey frum / warhafftig ynn allen seynen worten. Widderumb kan man gott keyn grôssere vnehre auffthun / denn
yhm nit glauben / damit die seel yhn fur eynen vntuchtigen
lugenhafftigen leychtfertigen helt / vnd szouil an yhr ist / yhn
vorleugnet mit solchem vnglauben / vnd ein abgott yhres ey-
gens synn / ym hertzen widder gott auffricht / alsz wolt sie es
besser wissenn denn er. Wenn denn gott sihet / das yhm die
seel / warheit gibt vnd alszo ehret durch yhren glauben / szo
ehret er sie widderumb / vnd helt sie auch fur frum vnd warhafftig / vnd sie ist auch frum vnd warhafftig durch solchen
glauben / denn das man gott die warheyt vnd frumkeit gebe /
das ist recht vnd warheit / vnnd macht recht vnd warhafftig.
Die weyll es war ist vnd recht / das gotte die warheit geben
werd. Wilchs die nit thun / die nit glauben / vnd doch sich mit
vielen gutten wercken / treyben vnd mûhen.

Folge hat, dass wir müßiggehen oder übel tun, sondern dass wir keines Werkes bedürfen, um Gerechtigkeit und Seligkeit zu erlangen. Davon wollen wir später mehr sagen.

Zum Elften. Weiter verhält es sich mit dem Glauben so: Wer einem anderen glaubt, der glaubt ihm darum, weil er ihn als einen gerechten, wahrhaftigen Mann anerkennt, welches die größte Ehre ist, die ein Mensch dem anderen antun kann. So wie es umgekehrt die größte Schmach ist, wenn er den anderen für einen unzuverlässigen, lügenhaften, leichtfertigen Mann hält. Ebenso verhält es sich, wenn die Seele Gottes Wort fest glaubt. Dann hält sie Gott für wahrhaftig, recht und gerecht; damit gibt sie ihm die allergrößte Ehre, die sie ihm erweisen kann. Denn darin gibt sie ihm Recht, darin lässt sie ihm Recht, darin ehrt sie seinen Namen und lässt Gott an ihr handeln, wie er will. Denn die Seele zweifelt nicht daran, dass er gerecht und wahrhaftig ist in allen seinen Worten. Umgekehrt kann man Gott keine größere Unehre antun, als ihm nicht zu glauben. Damit hält die Seele ihn für einen Untauglichen, Lügenhaften, Leichtfertigen und verleugnet ihn, soviel an ihr liegt, mit solchem Unglauben. Ja sie richtet einen Abgott aus eigenem Mutwillen im Herzen gegen Gott auf, als wollte sie es besser wissen als er. Wenn nun Gott sieht, dass die Seele seine Wahrheit anerkennt und ihn darin durch ihren Glauben ehrt, so ehrt er sie umgekehrt und hält sie auch für gerecht und wahrhaftig durch den Glauben. Und sie ist auch gerecht und wahrhaftig durch solchen Glauben; denn dass man Gottes Wahrheit und Gerechtigkeit anerkennt, das ist Recht und Wahrheit und macht recht und wahrhaftig, weil es wahr und recht ist, dass Gottes Wahrheit anerkannt wird. Das aber tun die nicht, die nicht glauben, sondern sich mit vielen guten Werken beschäftigen und abmühen.

Czum zwölfften / Nit allein gibt der glaub szouil / das die seel / dem gottlichen wort gleych wirt aller gnaden voll / frey / vnd selig / sondernn voreynigt auch die seele mit Christo / als eyne brawt mit yhrem breudgam. Ausz wilcher ehe folget / wie S. Paulus sagt / das Christus vnd die seel / eyn leyb werden[23] / szo werden auch beyder gutter/ fall / vnfall vnd alle ding gemeyn / das was Christus hatt / das ist eygen / der glaubigen seele / was die seele hatt / wirt eygen Christi. So hatt Christus alle gûtter vnd seligkeit / die seyn der seelen eygen. So hatt die seel alle vntugent vnd sund auff yhr / die werden Christi eygen. Hie hebt sich nu der frôlich wechszel vnd streytt / Die weyl Christus ist gott vnd mensch / wilcher noch nie gesundigt hatt / vnd seyne frumkeyt vnûbirwindlich / ewig / vnd almechtig ist / szo er denn der glaubigen seelen sund / durch yhren braudtring / das ist / der glaub / ym selbs eygen macht vnd nit anders thut / denn als hett er sie gethan / szo mussen die sund ynn yhm vorschlundenn vnd erseufft werden / Denn sein vnûbirwindlich gerechtigkeyt / ist allenn sunden zustarck / also wirt die seele von allen yhren sunden / lauterlich durch yhren malschatzts / das ist des glaubens halben / ledig vnd frey / vnd begabt / mit der ewigen gerechtickeit yhrs breûdgamsz Christi. Ist nu das nit ein frôliche wirtschafft / da der reyche / edle / frummer breûdgam Christus / das arm vorachte bôszes hûrlein zur ehe nympt / vnd sie entledigt von allem übell / zieret mit allen gûtern. So ists nit muglich / das die sund sie vordampne / denn sie ligen nu auff Christo / vnd sein ynn yhm vorschlunden / so hat sie szo ein reyche gerechtickeyt ynn yhrem breûtgam / das sie abermals / wider alle sund bestahn mag / ob sie schon auff yhr legen. Dauon sagt Paulus. 1. Cor. 15. Gott sey lob vnd danck der

---

[23] Eph 5,30.

Zum Zwölften. Der Glaube gibt nicht nur so viel, dass die Seele dem göttlichen Wort gleich wird, aller Gnaden voll, frei und selig, sondern er vereinigt auch die Seele mit Christus wie eine Braut mit ihrem Bräutigam. Aus dieser Ehe folgt, wie Paulus sagt, dass Christus und die Seele ein Leib werden – so werden auch beider Güter eins, Gelingen und Unglück und alle Dinge. Denn was Christus hat, das ist der gläubigen Seele eigen, was die Seele hat, wird Christus eigen. So hat Christus alle Güter und Seligkeit, die sind der Seele eigen. So hat die Seele alle Untugend und Sünde auf sich, die werden Christus eigen. Hier hebt nun der fröhliche Wechsel und Austausch an: Da ja Christus Gott und Mensch ist, der niemals gesündigt hat und dessen Gerechtigkeit unüberwindlich, ewig und allmächtig ist – wenn der die Sünde der gläubigen Seele durch ihren Brautring, den Glauben, sich zu eigen macht und sich nicht anders verhält, als hätte er sie getan, dann müssen die Sünden in ihm verschlungen und ertränkt werden, denn seine unüberwindliche Gerechtigkeit ist allen Sünden zu stark. So wird die Seele von allen ihren Sünden allein durch ihre Mitgift, also um des Glaubens willen, los und frei und mit der ewigen Gerechtigkeit ihres Bräutigams Christus beschenkt. Ist das nun nicht eine fröhliche Hochzeit, wo der reiche, edle, gerechte Bräutigam Christus das arme, verachtete, unansehnliche Mädchen heiratet und sie von allem Übel befreit, mit allen Gütern ziert? Daher ist es unmöglich, dass die Sünden die Seele verdammen, denn sie lasten nun auf Christus und sind in ihm verschlungen. Daher besitzt sie eine so reiche Gerechtigkeit in ihrem Bräutigam, dass sie erneut gegen alle Sünden zu bestehen vermag, wenn sie denn auf ihr liegen. Davon spricht Paulus 1Kor 15: Gott sei Lob und Dank, der uns eine solche Überwindung in Christus Jesus gegeben hat, durch die der Tod mitsamt der Sünde verschlungen ist.

vns hatt gegeben ein solch ůbirwindung ynn Christo Ihesu /
ynn wilcher vorschlunden ist / der todt mit der sund.[24]

Czum dreytzehenden / Hie sichstu aber / ausz wilchem
grund dem glauben szouil billich zugeschrieben wirt / das er
alle gepott erfullet / vnd on alle andere werck frum macht.
Denn du sihest hie / das er das erste gepott erfullet alleine da
gepotten wirt / Du solt eynen gott ehren. Wenn du nu eytell
gutt werck werist / bisz auff die versenn / szo weristu dennoch
nit frum vnd gebist gott noch keyn ehre / vnd alszo erfullistu
das aller erst gepott nicht. Denn gott mag nicht geehret werden / yhm werd dan / warheyt vnd allis gut zu geschrieben /
wie er denn warlich ist / Das thun aber keyn gutte werck / sondern allein der glaube des hertzen.

Darumb ist er allein / die gerechtickeit des menschen vnd
aller gepott erfullung. Den wer das erste haubt gepott erfullet / der erfullet gewiszlich vnd leychtlich auch alle ander gepott. Die werck aber seyn todte ding / kunden nit ehren noch
loben gott / wie wol sie mugen geschehen / vnd lassen sich
thun gott zu ehren vnd lob / aber wir suchen hie den / der nit
gethan wirt / als die werck / sondern den selbtthetter vnd
werckmeyster / der gott ehret / vnd die werck thut. Das ist
niemant dan der glaub des hertzen / der ist das haubt vnd
gantzis weszens der frumkeyt / darumb es eyn ferlich finster
rede ist. Wenn man leret / die gottis gepott mit wercken zu er-
fullenn / szo die erfullung fur allen wercken / durch den glauben musz geschehen seyn / vnd die werck folgen nach der erfullung / wie wir hôrenn werdenn.

Czum viertzehenden / Weytter zu sehen / was wir yn Christo haben / vnd wie grosz gutt sey / ein rechter glaube. Ist tzu
wissenn / das fur vnd ynn dem altenn testament / gott yhm

---

[24] 1Kor 15,57.

Zum Dreizehnten. Hier siehst du aber, aus welchem Grund dem Glauben zu Recht so viel zugeschrieben wird, dass er alle Gebote erfüllt und ohne alle Werke gerecht macht. Denn du siehst hier, dass er allein das erste Gebot erfüllt, in dem geboten wird: Du sollst den einen Gott ehren. Wenn du etwa von guten Werken durch und durch erfüllt wärest bis zu den Fersen, so wärest du doch nicht gerecht und gäbest Gott doch keine Ehre und erfülltest also das allererste Gebot nicht. Denn Gott will nicht anders geehrt werden, als dass ihm die Wahrheit und alles Gute zugeschrieben werde, wie er wahrlich ist. Das aber tun keine guten Werke, sondern allein der Glaube des Herzens.

Darum ist er allein die Gerechtigkeit des Menschen und die Erfüllung aller Gebote. Denn wer das erste, das Hauptgebot erfüllt, der erfüllt gewiss und leicht auch alle anderen Gebote. Die Werke aber sind tote Dinge, sie können Gott weder ehren noch loben, obwohl sie doch geschehen müssen und sich zu Gottes Ehre und Lob tun lassen. Wir aber suchen hier etwas, das nicht getan wird wie die Werke, sondern den Selbsttäter und Werkmeister, der Gott ehrt und die Werke tut. Das ist niemand anders als der Glaube des Herzens, der ist das Haupt und das ganze Wesen der Gerechtigkeit. Darum ist es eine gefährliche, finstere Rede, wenn man lehrt, Gottes Gebote mit Werken zu erfüllen, da doch die Erfüllung vor allen Werken durch den Glauben geschehen sein muss und die Werke nach der Erfüllung folgen, wie wir hören werden.

Zum Vierzehnten. Damit wir weiter sehen, was wir in Christus haben und welch ein großes Gut ein rechter Glaube ist, muss man wissen, dass vor und in dem Alten Testament Gott alle männlichen Erstgeborenen von Menschen und von Tieren für sich auswählte und vorbehielt. Diese Erstgeburt

ausztzog vnd furbehilt alle erste menliche gepurt / von menschen vnd von thierren[25] / Vnd die erste gepurt war kŏstlich
vnd hatt tzwey grosse forteyll fur allen andernn kindernn /
nemlich die hirschafft vnd priesterschafft odder kŭnigreych
vnd priesterthum / alszo das auff erden / das erste geporn kneb-
lin / was eyn herr vbir alle seyne brŭder vnd ein pfaff odder
Babst fur gott Durch wilche figur bedeutt ist Ihesus Christus /
der eygentlich / die selb erste menlich gepurt ist gottis vat-
ters / von der Iunpfrawen Marie. Darumb ist er ein kŭnig vnd
priester / doch geystlich. denn seyn reych ist nit yrdnisch noch
yn yrdenischen / sondernn yn geystlichen guttern / als da seyn /
warheyt / weyszheyt / frid / freud / seligkeyt etc. Damit aber
nit auszgetzogen ist zeytlich gutt / denn es ist yhm alle ding
vnterworffen / ynn hymell / erdenn vnd helle / wie wol man
yhn nit sicht / das macht / das er geystlich / vnsichtlich regirt.

Alszo auch seyn priesterthum steht nit ynn den euszerli-
chenn geperdenn / vnd kleydern / wie wir bey den menschen
sehen / szondernn es steht ym geyst vnsichtlich / alszo / das er
fur gottis augen on vnterlasz / fur die seynen steht vnd sich
selb opffert vnd allis thut / was eyn frum priester thun soll. Er
bittet fur vns / Wie S. Paul. Ro. 8.[26] sagt. So leret er vns ynn-
wendig ym hertzen / wilchs sein tzwey eygentliche recht
ampt eynisz priesters Denn alszo bitten vnd leren auch
euszerlich menschlich tzeytlich priester.

Czum funfftzehenden / Wie nu Christus die erste gepurtt
hatt / mit yhrer ehre vnd wirdickeit / alszo / teyllet er sie mit
allenn seynen Christen / das sie durch den glauben / mussen
auch alle kŭnige vnd priester seyn / mit Christo / Wie S. Petrus
sagt. 1. Pet. 2. Ihr seyt ein priesterlich kŭnigreych / vnd ein
kŭniglich priesterthum.[27] Vnd das geht also zu / das ein

---

[25] Ex 13,2. [26] Röm 8,34. [27] 1Petr 2,9.

war wertvoll und besaß zwei große Vorzüge vor allen anderen Kindern, nämlich die Herrschaft und die Priesterschaft – oder Königtum und Priestertum. Demgemäß war auf Erden der erstgeborene Knabe der Herr über alle seine Brüder und ein Geistlicher und Papst vor Gott. Mit diesem Typus ist Jesus Christus gemeint, der im eigentlichen Sinn der Erstgeborene Gottes aus der Jungfrau Maria ist. Daher ist er ein König und Priester, jedoch im geistlichen Sinn. Denn sein Reich ist nicht irdisch und besteht nicht in irdischen, sondern in geistlichen Gütern, als da sind Wahrheit, Weisheit, Friede, Freude, Seligkeit usw. Damit aber ist zeitliches Gut nicht ausgenommen, denn es sind ihm alle Dinge unterworfen im Himmel, auf der Erde und in der Hölle, obwohl man ihn nicht sieht; das kommt daher, dass er geistlich und unsichtbar regiert.

Dementsprechend besteht sein Priestertum auch nicht in äußerlichem Verhalten und Kleidern, wie wir es bei den Menschen sehen, sondern es besteht unsichtbar im Geist, indem er ohne Unterlass vor Gottes Augen für die Seinen einsteht und sich selbst opfert und alles tut, was ein rechter Priester tun soll. Er bittet für uns, wie Paulus Röm 8 sagt. Damit lehrt er uns innerlich im Herzen, welches die zwei eigentlichen rechten Ämter eines Priesters sind. Denn ebenso bitten und lehren auch äußerliche, menschliche, zeitliche Priester.

Zum Fünfzehnten. Wie nun Christus die Erstgeburt innehat mit ihrer Ehre und Würde, ebenso teilt er sie allen seinen Christen mit, dass sie durch den Glauben auch alle Könige und Priester mit Christus sind, wie Petrus 1Petr 2 sagt: Ihr seid ein priesterliches Königreich und ein königliches Priestertum. Und das geschieht so, dass ein Christenmensch durch den Glauben so hoch über alle Dinge erhaben wird,

Christen mensch durch den glauben szo hoch erhaben wirt
vbir alle ding / das er aller eyn herr wirt geystlich / denn es kan
yhm kein ding nit schaden zur seligkeit. Ia es musz yhm alles
vnterthan seyn vnd helffen zur seligkeyt / Wie S. Paulus leret
Ro. 8. Alle ding müssen helffenn den auszerwelten / zu yhrem
besten[28] / es sey leben / sterben / sund / frumkeit gut vnd
böszes / wie man es nennen kan. Item. 1. Cor. 3. Alle ding
seynd ewr / es sey das leben oder der todt / kegenwertig oder
zukünfftig etc.[29] Nit das wir aller ding leyplich mechtig seyn /
sie zu besitzen oder zu brauchen / wie die menschen auff erdenn / denn wir müssen sterben leyplich vnd mag niemant
dem todt entfliehen / szo müssen wir auch viel andern dingen
vnterligenn / wie wir yn Christo vnd seynen heyligen sehen /
Denn disz ist ein geystliche hirschafft / die do regiert / yn der
leyplichen vnterdruckung / das ist / ich kann mich on allen
dingen bessern nach der seelen / das auch der todt vnd leyden /
müssen mir dienen vnd nützlich seyn zur seligkeyt / das ist
gar ein hohe ehrliche wirdickeit vnd eyn recht almechtige hirschafft / ein geystliche künigreych / da keyn ding ist szo gut /
szo bösze / es musz mir dienen zu gut / szo ich glaube / vnd
darff seyn doch nit / sondern meyn glaub ist mir gnugsam.
Sihe wie ist das ein köstlich freyheyt vnd gewalt der Christen.

Czum sechtzehenden / Vbir das seyn wir priester / das ist
noch vil mehr / denn künig sein / darumb / das das priesterthum vns wirdig macht fur gott zu tretten vnd fur andere zu
bitten / Denn fur gottis augen zu stehn vnd bitten / gepürt
niemant denn den priestern. Alszo hatt vns Christus erworben / das wir mügen geystlich / fur ein ander tretten vnd bitten / wie ein priester fur das volck leyplich tritt vnd bittet. Wer
aber nit glaubt yn Christum dem dienet keyn ding zu gut / ist

---

[28] Röm 8,28.   [29] 1Kor 3,21 f.

dass er geistlich ein Herr über alle Dinge wird, denn es kann ihm kein Ding zur Seligkeit schaden. Ja, es muss ihm alles untertan sein und ihm zur Seligkeit helfen, wie Paulus Röm 8 lehrt: Alle Dinge müssen den Auserwählten zu ihrem Besten dienen, es sei Leben oder Sterben, Sünde, Gerechtigkeit, Gutes, Böses, wie man es auch nennen mag. Ebenso 1Kor 3: Alle Dinge sind euer, es seien Leben oder Tod, Gegenwärtiges oder Zukünftiges usw. Nicht dass wir als Menschen auf Erden mächtig wären, alle Dinge leiblich zu besitzen oder zu gebrauchen, denn wir müssen leiblich sterben und niemand kann dem Tod entfliehen; so unterliegen wir auch vielen anderen Dingen, wie wir an Christus und den Heiligen sehen. Vielmehr ist es eine geistliche Herrschaft, die da in der leiblichen Unterdrückung regiert, das heißt: Ich kann mich ohne alle äußeren Dinge in der Seele so stärken, dass auch der Tod und das Leiden mir zur Seligkeit dienen und nützlich sein müssen. Das ist eine ganz besonders hohe Würde und eine wirklich allmächtige Herrschaft, ein geistliches Königreich, in dem es kein Ding gibt, es sei gut oder böse, das nicht mir zugute dienen muss, wenn ich glaube – und ich bedarf seiner doch nicht, sondern mein Glaube ist mir genug. Siehe, was ist das für eine köstliche Freiheit und Macht der Christen!

Zum Sechzehnten. Über das hinaus sind wir Priester. Das ist noch viel mehr als König zu sein, weil uns das Priestertum würdig macht, vor Gott zu treten und für andere zu bitten. Denn vor Gottes Augen zu stehen und zu bitten, das kommt niemandem als den Priestern zu. Ebendies hat uns Christus erworben: dass wir geistlich füreinander eintreten können und bitten, wie ein Priester für das Volk leiblich eintritt und bittet. Wer aber an Christus nicht glaubt, dem dient kein Ding zum Guten; er ist ein Knecht aller Dinge und muss sich

ein knecht aller ding / musz sich aller ding ergern. Datzu ist sein gepett nit angenehm / kumpt auch nit fur gottis augen / Wer mag nu auszdencken / die ehre vnd hôhe eynisz Christen menschen? durch seyn kŭnigreych ist er aller ding mechtig / durch sein priesterthum ist er gottis mechtig / denn gott thut was er bittet vnd wil / wie do stet geschrieben im Psalter. Gott thut den willen der / die yhn furchten / vnd erhôret / yhr gepett[30] / zu wilchen ehren er nur allein durch den glauben vnd durch keyn werck kumpt. Darausz man clar sihet / wie eyn Christen mensch frey ist von allen dingen vnd vbir alle ding / alszo das er keyner gutter werck / datzu bedarff / das er frum vnd seligk sey / sondern der glaub bringts ym alles vber fluszsig. Vnd wo er szo tôricht were vnd meynet / durch ein gutt werck / frum / frey / selig odder Christen werden / szo vorlŭr er den glauben mit allen dingen / Gleych als / der hund / der ein stuck fleysch ym mund trug vnd nach dem schemen ym wasser schnapt / damit / fleysch vnd schem vorlôr.[31]

Czum siebentzenden fragistu / Was ist den fur ein vnterscheydt / zwischen den priestern vnd leyen ynn der Christenheyt / szo sie alle priester seyn? Antwort / Es ist dem wortlin priester / pfaff / geystlich vnd des gleychen vnrecht geschehen / das sie von dem gemeynen hauffen seyn getzogen / auff den kleynen hauffen den man itzt nennet geystlichen stand. Die heylige schrifft / gibt keynen andern vnterscheyd / denn das sie / die gelereten odder geweyheten / nennet ministros / seruos / oeconomos / das ist / diener / knecht / schaffner / die do sollen / den andern / Christum / glauben / vnd Christliche freyheit predigen / Denn ob wir wol alle gleych priester seyn / szo kunden wir doch nit alle dienen odder schaffen vnd predigen. Alszo sagt S. Paulus. 1. Cor. 4. Wir wollen nichts mehr

---

[30] Ps 145,19. [31] Äsop, Vom Hund im Wasser; vgl. WA 50,457.

von allen Dingen beeinträchtigen lassen. Überdies ist sein Gebet nicht angenehm, es kommt auch nicht vor Gottes Augen. Wer kann nun die Ehre und Hoheit eines Christenmenschen ausschöpfen? Durch sein Königtum ist er aller Dinge mächtig, durch sein Priestertum ist er Gottes mächtig, denn Gott tut, was er bittet und will, wie im Psalter geschrieben steht: Gott tut den Willen derer, die ihn fürchten, und erhört ihr Gebet. Zu dieser Ehre kommt er nur durch den Glauben und durch kein Werk. Daraus ersieht man klar, dass ein Christenmensch frei ist von allen Dingen und über alle Dinge, so dass er keiner guten Werke dafür bedarf, gerecht und selig zu sein, sondern der Glaube bringt ihm alles im Überfluss. Und wenn er so töricht wäre und meinte, durch ein gutes Werk gerecht, frei, selig oder ein Christ zu werden, so verlöre er den Glauben zugleich mit allen Dingen. So wie es dem Hund erging, der ein Stück Fleisch im Maul trug und nach dem Spiegelbild im Wasser schnappte, damit aber Fleisch und Schatten verlor.

Zum Siebzehnten. Wenn du fragst, was denn nun der Unterschied sei zwischen Priestern und Laien in der Christenheit, wenn doch alle Priester sind, so lautet die Antwort: Es ist dem Wort Priester, Pfaffe, Geistlicher und dergleichen Unrecht geschehen, dass man sie von der großen Menge auf die kleine Schar beschränkt hat, die man jetzt geistlichen Stand nennt. Die heilige Schrift kennt keinen anderen Unterschied, als dass sie die Gelehrten und Geweihten *ministri, servi, oeconomi* nennt, das heißt Diener, Knechte, Haushalter, die den anderen Christus, den Glauben und die christliche Freiheit predigen sollen. Denn obwohl wir doch alle Priester sind, so könnten wir doch nicht alle dienen oder haushalten oder predigen. Daher sagt Paulus 1Kor 4: Wir wollen von den Leuten nicht für mehr gehalten werden als für Christi Diener und

von den leuthen gehalten seyn / denn Christi diener / vnd
schaffner des Euangelij.[32] Aber nu ist ausz der scheffnerey
worden eyn solch weltlich / euszerliche / prechtige / forchtsam
hirschafft vnd gewalt / das yhr die recht weltlich macht / ynn
keynen weg mag gleychen / gerad als weren die leyen etwas anders denn Christenleuth / damit hyngenummen ist der gantz
vorstand Christlicher gnad / freyheit / glaubens / vnd allis was
wir von Christo habenn / vnd Christus selbs / haben dafur
vbirkummen / viel menschen gesetz vnd werck / seyn gantz
knecht wordenn / der aller vntůchtigsten leuth auff erden.

Czum achttzehenden / Ausz dem allen lernen wir / das es
nit gnug sey gepredigt / Wen man Christus leben vnd werck
oben hynn vnd nur als ein histori vnd Cronicken geschicht
predigt / schweyg denn / szo man seyn gar schweygt / vnd das
geystlich recht oder ander menschen gesetz vnd lere predigt.
Er ist auch vill / die Christum alszo predigen / vnd leszen / das
sie ein mit leyden vbir yhn habenn / mit den Iuden zurnen
odder sonst mehr kyndisch weysz / drynnen vben. Aber er soll
vnd musz alszo predigt sein / daz mir vnd dir / der glaub
drausz erwachsz vnd erhalten werd. Wilcher glaub da durch
erwechst vnd erhalten wirt. Wen mir gesagt wirt. Warumb
Christus kummen sey / wie man sein brauchen vnd nieszen
soll / was er mir bracht vnd geben hat / das geschicht / wo man
recht auszlegt / die Christlich freyheit / die wir von yhm haben / vnd wie wir kůnig vnd priester seyn / aller ding mechtig. Vnd allis was wir thun / das fur gottis augen angenehm /
vnd erhôret sey / wie ich bisz her gesagt hab. Dann wo ein
hertz alszo Christum hôret / das musz frôlich werden von
gantzem grund / trost empfahen / vnd sůsz werden gegen
Christo / yhn widderumb lieb zuhaben. Dahyn es nymmer

---

[32] 1Kor 4,1.

Haushalter des Evangeliums. Aber heute ist aus der Haushalterei eine so weltliche, äußerliche, prunkvolle, furchterregende Herrschaft und Gewalt geworden, dass ihr die eigentliche weltliche Macht in keiner Hinsicht gleichkommt, gerade als wären die Laien etwas anderes als Christen. Damit ist der ganze Sinn christlicher Gnade, christlicher Freiheit und christlichen Glaubens weggenommen. Alles, was wir von Christus haben, ja Christus selbst, ist überwältigt worden von viel Gesetz und Werk der Menschen, das alles ist völlig unterdrückt worden von den alleruntauglichsten Menschen auf Erden.

Zum Achtzehnten. Aus all dem lernen wir, dass die Predigt nicht ausreicht, die Christi Leben und Werk oberflächlich und nur als eine historische Geschichte oder Chronik predigt – geschweige denn, dass man ganz von ihm schweigt und das geistliche Recht oder das Gesetz und die Lehre anderer Menschen predigt. Es gibt überdies viele, die Christus so predigen und verstehen, dass sie Mitleid mit ihm haben, mit den Juden zürnen oder auf andere kindische Weise den Glauben zu üben meinen. Aber Christus soll und muss so gepredigt werden, dass mir und dir der Glaube daraus erwachse und erhalten werde. Dieser Glaube wird dadurch erweckt und erhalten, dass mir gesagt wird, warum Christus gekommen ist, wie man sich seiner bedienen und ihn sich zunutze machen soll, was er mir gebracht und gegeben hat. Das geschieht, wenn man die christliche Freiheit, die wir von ihm haben, recht auslegt, nämlich dass wir Könige und Priester sind, aller Dinge mächtig, und dass alles, was wir tun, vor Gottes Augen angenehm sei und erhört wird, wie ich bisher gesagt habe. Denn wenn ein Herz Christus so hört, muss es fröhlich werden von Grund auf, Trost empfangen und sich darauf freuen, Christus seinerseits liebzuhaben. Da-

mehr mit gesetzen odder werck kummen mag / Denn wer wil eynem solchen hertzen schaden thun / oder erschreckenn? felt die sund vnd der todt daher / szo glaubt es Christi frumkeit sey sein / vnd sein sund sein nymmer sein / sondern Christi / szo musz die sund vorschwinden / fur Christus frumkeit / ynn dem glauben / wie droben gesagt ist / vnd lernet / mit dem Apostell dem todt vnd sund trotz bieten / vnd sagen. Wo ist nu du todt deyn sig? Wo ist nu todt dein spiesz? deyn spiesz / ist die sund. Aber gott sey lob vnd danck / der vns hatt geben den sieg / durch Ihesum Christum vnsern herrnn. Vnd der todt ist erseufft ynn seynem sieg etc.[33]

Czum neuntzehenden / Das sey nu gnug gesagt / von dem ynnerlichen menschen / von seyner freyheit / vnd der heubt gerechtickeit / wilch keynis gesetzs noch gutten wercks bedarff / ya yhr schedlich ist / so yemant da durch wolt rechfertig zu werden sich vormessenn. Nu kummen wir auffs ander teyll / auff den euszerlichen menschen Hie wollen wir antworten allen denen / die sich ergern ausz den vorigen reden vnd pflegen zusprechen Ey so denn der glaub alle ding ist vnd gilt allein gnugsam frum zumachen. Warumb sein denn die gutten werck gepotten? so wollen wir gutter ding sein / vnd nichts thun. Neyn lieber mensch nicht also. Es were wol / also / wen du allein ein ynnerlich mensch werist / vnd gantz geystlich ynd ynnerlich worden / wilchs nit geschicht bisz am Iůngsten tag. Es ist vnd bleybt auff erden nur ein anheben vnd zu nehmen / wilchs wirt in yhener welt volnbracht. Daher heyssets der Apostell primitias spiritus / das sein die ersten früct des geysts[34] / drumb gehórt hie her / das droben gesagt ist. Ein Christen mensch / ist ein dienstpar knecht / vnd yderman vnterthan / gleych / wo er frey ist / darff er nichts thun /

---

[33] 1Kor 15,54–57. [34] Röm 8,23.

hin kommt es mit Gesetzen oder Werken niemals. Denn wer will einem solchen Herzen schaden oder es erschrecken? Fallen die Sünde und der Tod ein, so glaubt es, dass Christi Gerechtigkeit ihm gehört und die Sünde keineswegs sein eigen ist, sondern Christus anhängt, dann muss die Sünde vor Christi Gerechtigkeit im Glauben verschwinden, wie oben gesagt ist. Und das Herz lernt mit dem Apostel, dem Tod und der Sünde zu trotzen und zu sagen: Wo ist nun, Tod, dein Sieg? Wo ist nun, Tod, dein Stachel? Dein Stachel ist die Sünde. Aber Gott sei Lob und Dank, der uns den Sieg gegeben hat durch Jesus Christus, unseren Herrn. Und der Tod ist erträkt in seinem Sieg.

Zum Neunzehnten. Es sei nun genug gesagt von dem inneren Menschen, von seiner Freiheit und seiner Hauptgerechtigkeit, welche keines Gesetzes oder guten Werkes bedarf, ja der es schadet, wenn jemand dadurch sich vermessen wollte, gerechtfertigt zu werden. Jetzt kommen wir zum anderen Teil, auf den äußeren Menschen zu sprechen. Hier wollen wir all denen antworten, die sich an der vorangegangenen Rede ärgern und zu sprechen pflegen: Ei, wenn der Glaube alle Dinge ausmacht und es allein auf ihn ankommt, ausreichend gerecht zu machen, warum sind dann die guten Werke geboten? Dann wollen wir guter Dinge sein und nichts tun! Nein, lieber Mensch, so nicht. Es verhielte sich zwar so, wenn du nur ein innerlicher Mensch wärest und ganz geistlich und innerlich geworden wärest, was aber bis zum Jüngsten Tag nicht geschieht. Es ist und bleibt auf Erden nur ein Anfangen und Zunehmen, das erst in jener Welt vollendet wird. Daher nennt es der Apostel *primitia spiritus*, das heißt: die ersten Früchte des Geistes, darum gehört hierher, was oben gesagt wurde: Ein Christenmensch ist ein dienstbarer Knecht und jedermann untertan, das heißt: Sofern er frei ist, braucht er

wo er knecht ist / musz er allerley thun. Wie daz zugahe wollen wir sehen.

Czum zwentzigsten / Ob wol der mensch ynwendig nach der seelen/ durch den glauben gnugsam rechtfertig ist / vnd alles hatt was er haben soll / on das der selb glaub vnd gnugde / musz ymer zunehmen / bisz ynn yhenes leben. So bleybt er doch noch ynn diszem leyplichen lebenn auff erdenn / vnd musz seynen eygen leyp regiern vnd mit leuthen vmbgahen. Da heben sich nu die werck an / hie musz er nit müszsig gehn / da musz furwar der leyb mit fasten / wachen / erbeytten vnd mit aller messiger zucht getrieben / vnd geübt sein / das er dem ynnerlichen menschen vnd dem glauben gehorsam vnd gleychformig werde/ nit hyndere noch widderstreb / wie sein art ist / wo er nit getzwungen wirt / denn der ynnerliche mensch ist mit gott eynisz / frölich vnd lustig / vmb Christus willen / der yhm szouil than hat / vnd stett alle seyn luszt darynn / das er widderumb mocht gott auch vmbsonst dienen ynn freyer lieb / szo findt er ynn seynem fleysch eynen widerspenstigen willen / der wil der welt dienen vnd suchen was yhn lustet Das mag der glaub nit leyden / vnd legt sich mit luszt / an seynen halsz yhn zu dempfen vnd weren. Wie S. Pauel sagt Ro. 7. Ich hab ein lust / yn gottis willen nach meynem ynnernn menschenn / szo find ich eynen andernn willen ynn meynem fleysch / der wil mich mit sunden gefangen nehmen.[35] Item ich zuchtige meynen leyp vnd treib yhn zu gehorsam / auff das ich nit selbs vorwerfflich werde / der die andern leren soll.[36] Item Gal. 5. Alle die Christum angehören / creutzigen yhr fleysch mit seynen bößen lüsten.[37]

Czum eyn vnd zwentzigsten / Aber die selben werck / müssen nit geschehn ynn der meynung / das da durch der

---

[35] Röm 7,22 f. [36] 1Kor 9,27. [37] Gal 5,24.

nichts zu tun. Sofern er Knecht ist, muss er allerlei tun. Wie das zugeht, wollen wir sehen.

Zum Zwanzigsten. Obwohl der Mensch innerlich, nach seiner Seele, durch den Glauben voll gerechtfertigt ist und alles hat, was er haben muss – nur dass dieser Glaube und seine schon ausreichende Kraft noch weiter zunehmen müssen bis in jenes Leben –, so bleibt er doch in diesem leiblichen Leben auf Erden, muss seinen eigenen Leib regieren und mit den Leuten umgehen. Da heben nun die Werke an, hier darf er nicht müßig gehen, da muss der Leib fürwahr mit Fasten, Wachen, Mühen und mit maßvoller Zucht bewegt und geübt werden, damit er dem inneren Menschen und dem Glauben gehorsam und gleichförmig werde, ihn nicht hindere und ihm nicht widerstrebe, wie es seine Art ist, wenn er nicht gezwungen wird. Denn ist der innere Mensch mit Gott einig, fröhlich und bereitwillig um Christi willen, der ihm so viel getan hat, und setzt er alle seine Lust darein, dass er wiederum auch umsonst Gott dienen kann in freier Liebe, so findet er in seinem eigenen Fleisch einen widerspenstigen Willen, der der Welt dienen und suchen will, wozu es ihn gelüstet. Das kann der Glaube nicht ertragen und legt sich mit Bereitwilligkeit an seinen Hals, ihn zu mäßigen und ihm zu wehren, wie Paulus Röm 7 sagt: Ich habe eine Lust an Gottes Willen nach meinem inneren Menschen, ebenso aber finde ich einen anderen Willen in meinem Fleisch, der will mich mit Sünden gefangen nehmen. Daher züchtige ich meinen Leib und treibe ihn in den Gehorsam, damit ich, der ich die anderen lehren soll, nicht selbst verwerflich werde. Ebenso Gal 5: Alle, die Christus angehören, kreuzigen ihr Fleisch mit seinen bösen Gelüsten.

Zum Einundzwanzigsten. Aber diese Werke dürfen nicht in der Meinung geschehen, dass dadurch der Mensch vor Gott

mensch frum werd fur gott / denn die falsch meynung kan
der glaub nit leyden / der alleyn ist vnd sein musz die frumkeyt fur gott / sondernn nur yn der meynung / das der leyp gehorsam werde / vnd gereynigt von seynen bosen lůsten / vnd
daz aug nur sehe / auff die bosen lůsten / sie ausz zu treyben /
Denn die weyl die seel durch den glauben reyn ist / vnd gott
liebet / wolt sie gern das auch also alle ding reyn weren zuuor
yhr eygen leyp / vnd yderman gott / mit yhr liebt vnd lobt / So
geschichts / das der mensch seyns eygen leyps halben nit kan
můszsig gehen / vnd musz vil gutter werck drober vben / das
er yhn zwinge / vnd doch die werck nit das rechte gutt seyn /
dauon er frum vnd gerecht sey fur gott / szondern thue sie
ausz freyer lieb vmbsonst / got zu gefallen / nichts darynn anders gesucht noch angesehen / denn das es gott also gefellet /
wilchs willen er gerne thet auffs allerbeste. Darausz denn ein
yglicher kan selbs nehmen die masz vnd bescheydenheit den
leyp zu Casteyen / Denn / er fastet / wachet / erbeyt / szouiell
er sicht dem leyp nott seyn / seynen muttwillen zu dempffen.
Die andern aber / die do meynen mit wercken frum zu werden / haben keyn acht auff die casteyung / sondern sehen
nur auff die werck / vnd meynen / wen sie der selben nur
viel vnd grosz thun / szo sey es wol than vnd sie frum wůr-
den / zu weyllen zu brechen die kôpff vnd vorterben yhr leybe
drůber / das ist ein grosze torheyt / vnd vnuorstand Christ-
lichs lebens vnd glaubens / das sie on glauben / durch werck
frum vnd selig werden wollen.

Czum zwey vnd zwentzigsten / Das wir des etlich gleych-
nisz geben. Soll man die werck eynis Christen menschen der
durch seynen glauben / vnd ausz lautern gnaden gottis /
vmbsonst ist rechtfertig vnd selig worden / nit anders achten / den wie die werck Adam vnd Eue ym paradisz geweszen
weren / Dauon Gen. 2. stett geschrieben. Das gott den ge-

gerecht werde. Denn diese falsche Meinung kann der Glaube nicht ertragen, der allein die Gerechtigkeit vor Gott ist und sein muss. Sie dürfen nur in der Meinung geschehen, dass der Leib gehorsam und von seinen bösen Gelüsten gereinigt werde und das Auge nur auf die bösen Gelüste sehe, sie auszutreiben. Denn während die Seele rein ist durch den Glauben und Gott liebt, will sie gern, dass auch alle Dinge rein sind, zuerst der eigene Leib, und dass jedermann Gott mit ihr liebt und lobt. So geschieht es, dass der Mensch seines eigenen Leibes wegen nicht müßiggehen kann, sondern darüber hinaus viele gute Werke tun muss, damit er ihn bezwingt. Und doch sind die Werke nicht das wahre Gut, wodurch er vor Gott recht und gerecht wird, sondern er soll sie tun aus freier Liebe umsonst, Gott zu Gefallen. Und es soll nichts anderes darin gesucht oder angesehen werden, als dass dieses Tun Gott eben so gefällt, dessen Willen der Glaube ja gern und aufs Allerbeste erfüllen will. Daraus kann jeder das Maß und die Schranke entnehmen, wie der Leib zu kasteien sei. Denn der Mensch fastet, wacht, müht sich in dem Maße, wie es nötig ist, den Mutwillen des Leibes zu zügeln. Die anderen aber, die da meinen, mit Werken gerecht zu werden, die geben auf die Zügelung nicht Acht, sondern sehen nur auf die Taten und meinen, wenn sie nur viele und große Taten tun, so sei es wohlgetan und sie würden gerecht; die zerbrechen sich immer wieder die Köpfe darüber und verderben ihre Leiber. Das ist eine große Torheit und ein großes Missverständnis des christlichen Lebens und Glaubens, dass sie ohne Glauben durch Werke gerecht und selig werden wollen.

Zum Zweiundzwanzigsten. Dafür wollen wir einige Beispiele geben. So soll man die Werke eines Christenmenschen, der durch seinen Glauben und aus lauter Gnade gerecht geworden ist, nicht anders ansehen als die Werke Adams und

schaffenen menschen / setzt ynsz paradisz / das er dasselb erbeytten vnd hutten solt.[38] Nu war Adam von gott frum vnd
wol geschaffen / on sund / das er durch seyn erbeytten vnd
hutten nit durfft frum vnd rechtfertig werden / doch das er
nit müssig gieng / gab yhm gott zu schaffen / das paradeys zu
pflantzen / bawen vnd bewarenn. Wilchs weren eytell frey
werck geweszen / vmb keynsz dings willen gethan / denn allein gott zu gefallen / vnd nit vmb frumkeyt zu erlangen / die
er zuuor hett / wilch vns auch allen naturlich were angeborn
geweszenn. Alszo auch eynis glaubigen menschen werck /
wilcher durch seynen glauben ist widderumb ynsz paradisz
gesetzt / vnd von newen geschaffen / darff keyner werck frum
zu werden / sondern das er nit müssig gahe vnd seynen leyb
erbeyt vnd beware / seyn yhm solche freye werck zu thun alleyn gott zu gefallenn befolhen.

Item gleych wie eyn geweyheter Bischoff / wen der kirchen weyhet/ fermelt oder sonst seynis ampts werck vbet / szo
machen yhn die selben werck nit zu eynem bischoff / Ia wenn
er nit zuuor ein Bischoff geweyhet were / szo tüchte der selben
werck keynisz vnd were eytell narnn werck. Alszo eyn Chris -
ten / der durch den glauben geweyhet / gutte werck thut /
wirt durch die selben nit besser oder mehr geweyhet (wilch
nit denn des glauben mehrung thut) zu eynem Christen / Ia
wenn er nit zuuor glaubet vnd Christen were / szo gülten alle
seyne werck nichts / sondern weren / eytell nerrisch / streff-
lich vordamplich sund.

Czum drey vnd zwentzigsten / Drumb seyn die zween
sprüch war. Gutte frum werck machen nymmer mehr ein guten frumen man / sondern eyn gutt frum man / macht gutte
frum werck.[39] Bösze werck machen nymmer mehr eynen

---

[38] Gen 2,15. [39] werck A.

Evas im Paradies, wovon Gen 2 geschrieben steht, dass Gott den geschaffenen Menschen ins Paradies setzte, damit er es bearbeiten und bewahren solle. Nun war Adam von Gott gerecht und gut geschaffen, ohne Sünde, so dass er durch sein Arbeiten und Bewahren nicht gut und gerecht zu werden brauchte. Doch damit er nicht müßigginge, gab ihm Gott zu schaffen, das Paradies zu bepflanzen, zu bebauen und zu bewahren. Das wären lauter freie Werke gewesen, um keines anderen Dinges willen getan, als um Gott zu gefallen und nicht um Gerechtigkeit zu erlangen, die er doch schon zuvor besaß und die auch uns allen natürlich angeboren gewesen wäre. Ebenso bedarf das Werk eines gläubigen Menschen, welcher durch seinen Glauben aufs Neue ins Paradies versetzt und von Neuem geschaffen wurde, keiner Werke, um gerecht zu werden; vielmehr damit er nicht müßiggehe, sondern seinen Leib bearbeite und bewahre, darum sind ihm solche freien Werke, allein Gott zum Gefallen, befohlen.

Genauso verhält es sich, wenn ein geweihter Bischof Kirchen segnet, firmt oder sonst sein Amt ausübt, dann machen ihn diese Werke nicht zu einem Bischof. Ja, wenn er nicht zuvor zum Bischof geweiht wäre, so taugte keines dieser Werke und wäre lauter Narrenwerk. Ebenso wird ein Christ, der durch den Glauben geweiht ist und der gute Werke tut, durch diese nicht besser oder fügt seiner Weihe zum Christen etwas hinzu. Das täte nur eine Mehrung des Glaubens selbst. Ja, wenn er nicht zuvor glaubte und Christ wäre, so gälten alle seine Werke nichts, sondern wären rein närrische, sträfliche und verdammenswürdige Sünde.

Zum Dreiundzwanzigsten. Darum sind diese beiden Sprichworte wahr: Gute gerechte Werke machen niemals einen guten gerechten Menschen, sondern ein guter gerechter Mensch tut gute gerechte Werke. Schlechte Werke machen

bőszen man / sondern ein bőszer man macht bősze werck /
alszo / das allweg / die person zuuor musz gut vnd frum sein
vor allen gutten wercken / vnd gutte werck folgen vnd ausz-
gahn / von der frumen gutten person.

Gleych wie Christus sagt. Ein bőszer bawm tregt keyn
gutte frucht. Ein gutter bawm tregt keynn bosze frucht.[40]
Nu ists offenbar / das die frucht tragen nit den bawm / szo
wachszen auch die bawm nit auff den fruchten / sondern widerumb / die bawm tragen die frucht / vnd die frucht wachszen auff den bawmen. Wie nu die bawm mussen ehe seyn /
den die frucht / vnd die frucht machen nit die bawm wider
gutte noch bőse / sondern die bawm machen die früchte.
Alszo musz der mensch ynn der person zuuor frum oder
bősze seyn / ehe er gutte oder bősze werck thut / Vnd seyne
werck machen yhn nit gutt odder bősze / sondern er macht
gutt odder bősze werck. Des gleychen sehen wir ynn allen
hand wercken. Ein gutt oder bősze hausz macht keynen
gutten oder bőszen zymmerman / sondern ein gutter oder
boszer tzymmerman / macht ein bősz oder gutt hausz / keyn
werck macht eynenn meyster / darnach das werck ist / sondern wie der meyster ist / darnach ist sein werck auch. Alszo
seyn die werck des menschen auch / wie es mit yhm stett ym
glauben oder vnglauben / darnach seind seyne werck gutt
oder bősze. Vnd nit widerumb / wie seyne werck stehn darnach sey er frum odder glaubig / die werck / gleych wie sie nit
glaubig machen / szo machen sie auch nit frum. Aber der
glaub gleych wie er frum macht / szo macht er auch gutte
werck. So dann die werck niemant frum machen / vnd der
mensch zuuor musz frum sein / ehe er wirckt / so ists offenbar / das allein der glaub ausz lauttern gnaden / durch Chris -

---

[40] Mt 7,18.

niemals einen schlechten Menschen, sondern ein schlechter Mensch tut schlechte Werke. Daher muss stets die Person zuvor gut und gerecht sein vor allen Werken und es müssen gute und gerechte Werke folgen und von der gerechten guten Person ausgehen.

Gleich wie Christus sagt: Ein schlechter Baum trägt keine gute Frucht. Ein guter Baum trägt keine schlechte Frucht. Denn es ist offenkundig, dass nicht die Früchte den Baum tragen, auch die Bäume nicht auf den Früchten wachsen, sondern umgekehrt: Die Bäume tragen die Früchte, und die Früchte wachsen auf den Bäumen. Wie nun die Bäume eher da sein müssen als die Früchte und wie nun die Früchte die Bäume weder gut noch schlecht machen, sondern die Bäume die Früchte machen – so muss auch der Mensch in seiner Person zuvor gerecht oder böse sein, ehe er gute oder böse Werke tut. Und seine Werke machen ihn nicht gut oder böse, sondern er tut gute oder böse Werke. Dasselbe sehen wir in allen Handwerken. Ein gutes oder schlechtes Haus macht keinen guten oder schlechten Zimmermann, sondern ein guter oder schlechter Zimmermann macht ein schlechtes oder gutes Haus. Kein Werk macht einen Meister danach, wie das Werk ist, sondern wie der Meister ist, so ist auch sein Werk. Ebenso verhält es sich auch mit den Werken des Menschen: Wie es mit ihm im Glauben oder Unglauben steht, danach sind seine Werke gut oder schlecht. Und nicht umgekehrt: Wie seine Werke dastehen, danach ist er gerecht oder gläubig. Die Werke machen nicht gerecht, ebenso wenig, wie sie gläubig machen. Aber der Glaube, ebenso wie er gerecht macht, so tut er auch gute Werke. Da nun die Werke niemanden gerecht machen und der Mensch gerecht sein muss, bevor er wirkt, ist es offenkundig, dass allein der Glaube aus reiner Gnade durch Christus und sein Wort die Person völlig gerecht und selig

tum vnd seyn wort / die person gnugsam frum vnd selig ma-
chet. Vnd das keyn werck / keyn gepott / eynem Christen nott
sey zur seligkeit / sondern er frey ist von allen gepotten / vnd
ausz lauterer freyheit / vmbsonst thut / alls was er thut /
nichts damit gesucht seynesz nutzs oder selickeyt / Denn er
schon satt vnd selig ist / durch seynenn glaubenn / vnd gottis
gnaden / sondernn nur gott darynnen gefallen.

Czum .xxiiij. Widderumb dem / der on glauben ist / ist
kein gutt werck furderlich zur frumkeyt vnd seligkeit / Widderumb keyn bosze werck yhn bosze vnd vordampt machen /
sonderm der vnglaub / der die person vnd den bawm bósz
macht der thutt bosze vnd vordampte werck. Darumb wen
man frum odder bosze wirt / hebet sichs nit an den wercken
an / sondern an dem glauben / Wie der Weysze man sagt. Anfang aller sund / ist von gotte weychen vnd yhm nit trawen.[41]
Also leret auch Christus wie man nit an den wercken musz
anheben vnd sagt. Entweder macht den bawm gutt vnd seyne
fruchte gutt / oder macht den bawm bose / vnd seyne frůchte
bósze[42] / als solt er sagen / wer gutte frůcht haben wil / musz
zuuor an dem bawm anheben / vnd den selben gutt setzen.
Alszo wer do wil gutte werck thun / musz nit an den wercken
an heben / sondern an der person / die die werck thun soll. Die
person aber macht niemant gut / denn allein der glaub / vnd
niemand macht sie bosze denn allein der vnglaub. Das ist wol
war / die werck machen eynen frum odder bosze fur den menschen / das ist / sie zeygen euszerlich an / wer frum oder bose
sey. Wie Christus sagt. Matt. 7. Ausz yhren frůchten sollet yhr
sie erkennen.[43] Aber das ist alles / ym scheyn vnd euszerlich.
Wilchs ansehenn yrre macht viel leuth / die do schreyben vnd
leren / wie man gutte werck thun soll vnd frum werdenn. szo

---

[41] Sir 10,14. [42] Vgl. Mt 12,33. [43] Mt 7,20.

macht. Und offenkundig ist, dass kein Werk, kein Gebot einem Christen zur Seligkeit nötig sind. Vielmehr ist er von allen Geboten frei und tut aus reiner Freiheit umsonst alles, was er tut; und nichts tut er, womit er seinen Nutzen oder seine Seligkeit sucht – denn er ist schon zufrieden und selig durch seinen Glauben und Gottes Gnade –, sondern tut alles nur, um Gott darin zu gefallen.

Zum Vierundzwanzigsten. Umgekehrt ist dem, der ohne Glauben ist, kein Werk zur Gerechtigkeit und Seligkeit dienlich, wie ihn umgekehrt keine schlechten Werke schlecht und verdammenswürdig machen. Vielmehr tut der Unglaube, der die Person und den Baum schlecht macht, schlechte und verdammte Werke. Darum gilt: Ob man gerecht oder böse wird, das gründet sich nicht auf die Werke, sondern auf den Glauben. Wie der Weise sagt: Der Anfang aller Sünde besteht darin, von Gott zu weichen und ihm nicht zu trauen. Ebenso lehrt auch Christus, dass man nicht bei den Werken beginnen darf, und sagt: Macht entweder den Baum gut und seine Früchte gut oder macht den Baum schlecht und seine Früchte schlecht – so als wollte er sagen: Wer gute Früchte haben will, muss zuvor mit dem Baum beginnen und ihn gut setzen. Ebenso darf, wer gute Werke haben will, nicht mit den Werken beginnen, sondern muss mit der Person beginnen, die die Werke tun soll. Die Person aber macht niemand gut als allein der Glaube, und niemand macht die Person schlecht als allein der Unglaube. Das ist gewiss wahr: Die Werke machen einen gerecht oder böse vor den Menschen, das heißt: Sie zeigen äußerlich an, wer gerecht oder böse ist, wie Christus Mt 7 sagt: An ihren Früchten sollt ihr sie erkennen. Aber das richtet sich alles nach dem äußeren Anschein. Dieser äußerliche Anschein verwirrt viele Leute, die schreiben und lehren, dass man gute Werke tun soll, um gerecht zu werden – wobei sie doch an den

sie doch / des glaubens nymmer gedenckenn / gahn dahynn /
vnd furet ymmer ein blind den andernn / marternn sich mit
vielen wercken vnd kummen doch nymmer zu der rechten
frumkeit / von wilchen Sanct Pauel sagt. 2. Timo. 3. Sie haben
5   eynen scheyn der frumkeyt[44] / aber der grund ist nit da / gehn
hynn vnd lernen ymmer vnd ymmer vnd kummen doch
nymmer zur erkentnisz der waren frumkeit.

Wer nu mit den selben blinden nit wil yrren / musz weytter sehen / den ynn die werck / gepott / odder lere der werck.
10 Er musz ynn die person sehen fur allen dingen / wie die frum
werd. Die wirt aber nit durch gepott vnd werck / sondernn
durch gottis wort (das ist / durch seyne vorheyschung der
gnadenn) vnd den glaubenn / frum vnd selig / auff das be-
stehe seyn gottliche ehre / das er vns nit durch vnser werck /
15 sondern durch seyn gnedigs wort vmbsonst vnd lauter barmhertzickeit selig mache.

Czum .xxv. Ausz diszem allen ist leychtlich zuuorstehen /
wie gutte werck zu vorwerffen vnd nit zuuorwerffen seyn.
Vnd wie man alle lere vorstahn soll / die do gutte werck leren /
20 dann wo der falsch anhang / vnd die vorkerete meynung dryn
ist / das durch die werck / wir frum vnd selig werden wollen /
seyn sie schon nit gutt / vnd gantz vordamlich / denn sie seyn
nit frey / vnd schmehen die gnad gottis / die allein durch den
glauben frum vnd seligk macht / wilchs die werck nit vor-
25 mügen / vnd nehmen es yhn doch fur zu thun / vnd damit der
gnaden/ ynn yhr werck vnd ehre greyffenn. Drumb vorwerffen wir die gutte werck / nit vmb yhren willen / szondernn /
vmb des selben boszen zusatzs vnd falscher vorkerter meynung willen. Wilche macht / das sie nur gutt scheynen / vnd

---

[44] 2Tim 3,5.

Glauben gar nicht denken. Sie gehen gedankenlos vor, und es führt stets ein Blinder den anderen. Sie plagen sich mit vielen Werken und kommen doch niemals zu der rechten Gerechtigkeit, von der Paulus 2Tim 3 sagt: Sie haben einen Anschein der Gerechtigkeit, aber der Grund ist nicht vorhanden. Sie tun die Werke immer wieder und lernen fort und fort und kommen doch niemals zur Erkenntnis der wahren Gerechtigkeit.

Wer nun nicht mit diesen Blinden irren will, der muss weiter sehen als auf die Werke, Gebote oder die Lehre von den Werken. Er muss vor allen Dingen die Person ansehen und danach fragen, wie die gerecht wird. Die Person wird aber nicht durch Gebote und Werke, sondern durch Gottes Wort, das heißt durch seine Verheißung der Gnade, und durch den Glauben gerecht und selig, damit die göttliche Ehre Bestand habe, in der er uns nicht durch unser Werk, sondern durch sein gnädiges Wort umsonst und in reiner Barmherzigkeit selig mache.

Zum Fünfundzwanzigsten. Aus dem allen ist leicht zu verstehen, inwiefern gute Werke zu verwerfen oder nicht zu verwerfen sind und wie man alle Lehre verstehen soll, welche gute Werke lehrt. Denn wo der falsche Zusatz und die verkehrte Meinung darin stecken, dass wir durch die Werke gerecht und selig werden sollen, sind sie schon nicht gut, sondern ganz zu verurteilen. Denn sie sind nicht frei und beleidigen die Gnade Gottes, die allein durch den Glauben gerecht und selig macht – was die Werke nicht vermögen, sich aber vornehmen zu tun, und damit der Gnade in ihr Werk und ihre Ehre greifen. Darum verwerfen wir die guten Werke nicht um ihrer selbst willen, sondern um des schlechten Zusatzes und falscher, verkehrter Meinung willen. Dies bewirkt, dass sie nur gut zu sein scheinen und doch nicht gut sind, sie

seyn doch nit gutt / betriegen sich vnd yderman damit /
gleych wie die reyssend wolff / ynn schaffs kleydernn.

Aber der selb bosze zusatz vnd vorkerete meynung / ynn
den werckenn / ist vnûbirwindlich / wo der glaub nit ist. Er
musz sein / ynn dem selben wirckheyligenn / bisz der glaub
kum vnd vorstôre yhn / die natur vormag yhn / von yhr selb
nit ausz treybenn. Ia auch nit erkennen / sonderrn sie helt
yhn fur eyn kôstlich / selig dingk / drumb werden yhr auch
szo viel da durch vorfuret. Derhalben / obs woll gutt ist / von
rewen / beychten / gnugthun / schreyben vnd predigenn / szo
man aber nit weytter feret bisz zum glauben / sein es gewiszlich / eitel teuffelische / vorfurische lere. Man muss nit eyner-
ley allein predigen / sonderrn alle beyde wort gottis / Die gepot / sol man predigen / die sunder zurschreckenn vnd yhr
sund zu offenbarnn / das sie rewe haben vnd sich bekeren.
Aber[45] da soll es nit bleyben / man musz / das ander wort / Die
zusagung der gnaden auch predigen / den glauben zu leren /
on wilchenn die gepott rew vnd allis ander vorgebensz geschicht. Es sein wol noch blieben prediger / die rew der sund
vnd gnad predigen / aber sie streychen die gepott vnd zusagung gottis nit ausz / das man lere / wo her vnd wie die rew /
vnd gnad kumme. Denn die rew / fleust ausz den gepotten /
der glaub / ausz den zusagung gottis / vnd alszo wirt der
mensch / durch den glauben gotlicher wort gerechtfertiget
vnd erhaben / der durch die furcht gottis gepottis gedemûti-
get / vnd ynn seyn erkentnisz kummen ist.

Czum .xxvi. Das sey von den wercken gesagt ynn gemeyn
vnd die ein Christen mensch gegen seynem eygen leybe ûben
sol. Nu wollen wir von mehr wercken sagen / die er gegen andere menschen thut. Denn der mensch lebt nit allein / ynn

---

[45] Ader A.

betrügen sich selbst und jedermann damit, wie die reißenden Wölfe in Schafskleidern.

Aber der schlechte Zusatz und die verkehrte Meinung über die Werke sind unüberwindlich, wenn der Glaube nicht da ist. Sie müssen in einem solchen Werkheiligen da sein, bis der Glaube kommt und ihn verstört. Solche Auffassungen vermag die Natur nicht aus sich selbst auszutreiben – ja, nicht einmal zu erkennen, sondern sie hält sie für ein köstliches und wertvolles Ding; darum werden so viele dadurch verführt. Auch wenn es durchaus gut sein mag, von der Reue, der Beichte, der Genugtuung zu schreiben und zu predigen, gilt: Wenn man nicht weiterführt bis zum Glauben, so handelt es sich zweifellos um eine ganz teuflische, verführerische Lehre. Man darf nicht eines allein predigen, sondern beide Worte Gottes: Die Gebote soll man predigen, um die Sünder zu erschrecken und ihnen ihre Sünde offenkundig zu machen, damit sie Reue empfinden und sich bekehren. Aber dabei soll es nicht bleiben, man muss das andere Wort, die Verheißung der Gnade, auch predigen, um den Glauben zu lehren, ohne den die Reue aus den Geboten und alles andere vergebens geschieht. Es sind gewiss noch Prediger übriggeblieben, die Reue über die Sünde und Gnade predigen, aber sie legen die Gebote und die Zusage Gottes nicht so aus, dass man lernt, woher und wie die Reue und die Gnade kommen. Denn die Reue fließt aus den Geboten, der Glaube aus den Zusagen Gottes. Und dadurch wird der Mensch durch den Glauben an die göttlichen Worte gerechtfertigt und erhoben, der durch die Furcht vor Gottes Gebot gedemütigt und zur Selbsterkenntnis gekommen ist.

Zum Sechsundzwanzigsten. Das sei nun von den Werken insgesamt gesagt und von denen, die ein Christenmensch an seinem eigenen Leibe üben soll. Jetzt wollen wir von weiteren

seynem leybe / sondern auch vnter andernn menschen auff erdenn. Darumb kan er nit on werck sein gegen die selbenn / er
musz yhe mit yhn zu reden vnd zu schaffen habenn / wie wol
yhm der selben werck keyns nodt ist zur frumkeit vnd seligkeyt. Drumb soll seyne meynung ynn allen werckenn frey vnd
nur dahynn gericht seyn / das er andernn leutten damit diene
vnd nütz sey. Nichts anders yhm furbilde / denn was denn
andernn nott ist / das heyssit denn ein warhafftig Christen
leben / vnd da geht der glaub mit lust vnd lieb ynsz werck / als
S. Paulus leret die Galatas.[46] Denn zu den Philippern / do er sie
geleret hatte / wie sie alle gnad vnd gnugde hettenn durch
yhren glauben yn Christo / leret er sie weytter vnd sagt. Ich
vorman euch allis trosts / den yhr ynn Christo habt / vnd allis
trosts / den yhr habt von vnszer liebe zu euch / vnd aller ge-
meinschafft / die yhr habt mit allen geystlichen frumen
Christen / yhr wolt meyn hertz erfrewen volkömlich / vnd das
damit / das yhr hynfurt / wollet eynisz synnes seyn / eyner gegen dem andernn lieb ertzeygen / eyner dem andernn dienen /
vnd ein yglicher acht haben / nit auff sich noch auff das seyne /
sondernn auff den andernn / vnd was dem selben nott sey.[47]
Sihe da hat Paulus klerlich / ein Christenlich leben dahynn
gestellet / das alle werck sollen gericht seyn / dem nehsten zu
gutt / Die weyl ein yglicher fur sich selb gnug hatt an seynen
glauben / vnd alle andere werck vnd leben yhm vbrig seyn /
seynem nehsten damit ausz freyer lieb zu dienen / Dartzu
furet er ein / Christum zu eynem exempell vnd sagt. Seyt also
gesynnet/ wie yhrs seht yn Christo. Wilcher ob er wol voll gottlicher form ware vnd fur sich selb gnug hatte / vnd yhm sein
leben / wircken vnd leydenn nicht nott ware / das er da mit frum
odder seligk wurd. Dennoch hatt er sich des alles geeuszert /

---

[46] Gal 5,6. [47] Phil 2,1–4.

Werken sprechen, die er im Verhältnis zu anderen Menschen tut. Denn der Mensch lebt nicht allein in seinem Leib, sondern unter anderen Menschen auf Erden. Darum kann er nicht ohne Werke sein, die auf andere Menschen zielen; er muss ja mit ihnen zu reden und zu schaffen haben, obwohl ihm keines dieser Werke nötig ist zur Gerechtigkeit und Seligkeit. Darum soll seine Meinung in allen Werken frei und nur daraufhin ausgerichtet sein, dass er anderen Leuten damit diene und nützlich sei. Nichts anderes soll er sich vornehmen, als das, was den anderen nötig ist: Das ist ein wahrhaftiges Christenleben, und da geht der Glaube mit Lust und Liebe zu Werke, wie Paulus die Galater lehrt. Denn als er die Philipper gelehrt hatte, wie sie alle Gnade und Genüge durch ihren Glauben an Christus hätten, lehrt er sie weiter und sagt: Ich ermahne euch bei allem Trost, den ihr in Christus habt, und bei allem Trost, den ihr von unserer Liebe zu euch habt, und bei aller Gemeinschaft, die ihr mit allen geistlichen rechten Christen habt, ihr wolltet mein Herz vollkommen erfreuen – und zwar damit, dass ihr künftig eines Sinnes seid, einer dem anderen Liebe erzeige, einer dem anderen diene und ein jeder nicht auf sich selbst und das Seine Acht habe, sondern auf den anderen und was diesem nötig ist. Siehe, da hat Paulus das christliche Leben klar dazu bestimmt, dass alle Werke dem Nächsten zu Nutzen sein sollen, weil doch ein jeder für sich selbst genug hat an seinem Glauben und alle anderen Werke und sein Leben ihm zur Verfügung stehen, um seinem Nächsten damit aus freier Liebe zu dienen. Dazu führt er Christus als Beispiel an und sagt: Seid ebenso gesinnt wie ihr es an Christus seht, welcher, ob er gleich in göttlicher Gestalt war und für sich selbst genug hatte und ihm sein Leben, Wirken und Leiden nicht nötig waren, um gerecht und selig zu werden, sich doch all dessen entäußert und sich als Knecht

vnd geperdet wie ein knecht / allerley gethan vnd gelidenn / nichts angesehen / denn vnszer besztis / vnd alszo ob er wol frey ware / doch vmb vnszer willenn ein knecht wordenn.[48]

Czum .xxvij. Alszo soll ein Christen mensch / wie Christus seyn heubt / voll vnd satt / yhm auch benugen lassen an seynem glaubenn / den selben ymer mehrenn / wilcher seyn leben / frumkeit vnd seligkeyt ist / der yhm gibt allis was Christus vnd gott hat / wie droben gesagt ist. Vnd S. Paul Gal. 2. Spricht / Was ich noch ynn dem corper lebe / das lebe ich ynn dem glauben Christi gottis sohn.[49] Vnd ob er nu gantz frey ist / sich widderumb williglich eynen diener machen seynem nehsten zu helffenn / mit yhm faren / vnd handeln / wie gott mit yhm durch Christum handlet hatt / vnd das allis vmbsonst / nichts darynnen suchen denn gottliches wolgefallenn / vnd alszo denckenn. Wolan meyn gott hatt mir vnwirdigen vordampten menschen / on alle vordienst / lauterlich vmbsonst vnd ausz eytel barmhertzickeit gebenn / durch vnd ynn Christo / vollen reychtumb aller frumkeit vnd selickeit / das ich hynfurt/ nichts mehr bedarff / denn glauben es sey also. Ey so will ich solchem vatter der mich mit seynen vberschwenglichen gutternn alszo vbirschuttet hatt / widerumb / frey / frölich vnd vmbsonst thun was yhm wolgefellet / Vnnd gegen meynem nehsten auch werden ein Christen / wie Christus mir worden ist / vnd nichts mehr thun / denn was ich nur sehe / yhm nott / nützlich vnd seliglich sey / die weyl ich doch / durch meynenn glauben / allis dings yn Christo gnug habe. Sih also fleusset ausz dem glauben die lieb vnd lust zu gott / vnd ausz der lieb / ein frey / willig / frolich lebenn dem nehsten zu dienen vmbsonst. Denn zu gleych wie vnser nehst nott leydet / vnd vnszers vbrigenn bedarff / alszo

---

[48] Phil 2,5–7. [49] Gal 2,20; Gal.1. A.

verhalten, allerlei getan und gelitten hat, nichts als unser Bestes gesucht und also, obwohl er frei war, doch um unseretwillen ein Knecht geworden ist.

Zum Siebenundzwanzigsten. Darum soll ein Christenmensch wie Christus, sein Haupt, sein – erfüllt und zufrieden, sich auch an seinem Glauben genügen lassen, diesen immer mehren, worin sein Leben, seine Gerechtigkeit und Seligkeit bestehen. Der Glaube gibt alles, was Christus und Gott hat, wie oben gesagt ist. Entsprechend sagt Paulus Gal 2: Was ich noch in diesem Körper lebe, das lebe ich in dem Glauben an Christus, Gottes Sohn. Der Christenmensch soll, da er nun ganz frei ist, sich umgekehrt bereitwillig zum Diener machen, um seinem Nächsten zu helfen, mit ihm verfahren und ihn behandeln, wie Gott mit ihm durch Christus gehandelt hat – und das alles umsonst, nichts darin suchen als göttliches Wohlgefallen, und so dabei denken: Wohlan, mein Gott hat mir unwürdigem, verdammtem Menschen ohne alles Verdienst, rein umsonst und aus bloßer Barmherzigkeit durch und in Christus vollen Reichtum der Gerechtigkeit und Seligkeit gegeben, so dass ich weiterhin nicht mehr brauche als zu glauben, es sei so. Nun, so will ich einem solchen Vater, der mich mit seinen eigenen, überschwänglichen Gütern so überschüttet hat, umgekehrt frei, fröhlich und umsonst tun, was ihm wohlgefällt, und meinem Nächsten auch ein Christ werden, wie Christus mir geworden ist, und nichts anderes tun, als nur das, was ich sehe, dass es ihm nötig, nützlich und förderlich ist, weil ich ja durch meinen Glauben aller Dinge in Christus genug habe. Siehe, so fließen aus dem Glauben die Liebe und Lust zu Gott, und aus der Liebe ein freies, bereitwilliges, fröhliches Leben, um dem Nächsten umsonst zu dienen. Denn ebenso wie unser Nächster Not leidet und unseres Überflusses bedarf, so haben wir vor Gott Not gelitten und

haben wir fur gott nott geliden vnd seyner gnaden bedurfft. Darumb wie vns gott hatt durch Christum vmbsonst geholffen / alszo sollen wir / durch den leyp / vnd seyne werck / nit anders den dem nehsten helffen. Also sehen wir wie eyn hoch edlisz leben sey vmb ein Christlich leben / das leyder nu ynn aller welt / nit allein nyderligt / sondernn auch nit mehr bekandt ist noch gepredigt wirt.

Czum .xxviij. Alszo leszen wir Luce. 2. Das die Iunpfraw Maria zur kirchen gieng nach den sechs wochen vnd liesz sich reynigen nach dem gesetz / wie alle ander weyber / szo sie doch nit gleych mit yhn vnreyn war / noch schuldig der selben reynigung / bedurfft yhr auch nit.[50] Aber sie thetts ausz freyer lieb / das sie die andere weyber nit vorachtet / sondernn mit dem hauffen bliebe.

Alszo liesz S. Pauel / S. Timotheus beschneytten[51] / nit das es nott were / sondernn das er den schwachglaubigen Iuden nit vrsach gebe / zu bosen gedanckenn / der doch widderumb Titum nit wollt lassen beschneytten[52] / da man drauff dringen wolt / er must beschnit seyn / vnd were nott zur seligkeit. Vnd Christus Matt. 17. Da von seynen Iůngern ward die tzinsz pfennig gefoddert / disputiert er mit S. Peter / ob nit kůnigs kynder frey weren zynsz zu geben. Vnd sanct Peter / ia sagt. Hiesz er yhn doch hynn gehen an daz mehr vnd sprach / Auff das wir sie nit ergernn / szo gang hyn / den ersten fisch du fehist / den nym vnd yn seynem maull wirstu finden eynen pfennig / den gib fur mich vnd dich.[53] Das ist ein feyn exempell / zu diszer lere / da Christus / sich vnd die seynen freye kůnigs kinder nennett / die keynis dings bedurffen / vnd doch sich vnterlessit williglich / dienet vnd gibt den tzynsz. Wie vill nu das werck / Christo nott war vnd dienet hatt / zu seyner

---

[50] Lk 2,22–24. [51] Apg 16,3. [52] Gal 2,3. [53] Mt 17,24–27.

seiner Gnade bedurft. Wie uns Gott durch Christus umsonst geholfen hat, ebenso sollen wir durch unseren Leib und seine Werke nichts anderes tun, als dem Nächsten zu helfen. Da sehen wir, um was für ein hohes edles Leben es sich beim christlichen Leben handelt, das leider derzeit in aller Welt nicht nur daniederliegt, sondern auch nicht mehr bekannt ist oder gepredigt wird.

Zum Achtundzwanzigsten. In diesem Sinne lesen wir Lk 2, wie die Jungfrau Maria nach sechs Wochen in den Tempel ging und sich nach dem Gesetz reinigen ließ wie alle anderen Frauen, obwohl sie doch weder unrein noch zu dieser Reinigung verpflichtet war und sie auch nicht nötig hatte. Aber sie tat es aus freier Liebe, um die anderen Frauen nicht zu verachten, sondern um in ihrer Gesellschaft zu bleiben.

In diesem Sinne ließ Paulus den Timotheus beschneiden, nicht weil es nötig gewesen wäre, sondern damit er den schwachgläubigen Juden keinen Anlass gäbe zu schlechten Gedanken. Demgegenüber wollte er Titus nicht beschneiden lassen, als man ihn dazu drängen wollte, er müsse beschnitten sein und das sei zur Seligkeit nötig. Und als von seinen Jüngern der Zinspfennig gefordert wurde, disputierte Christus mit Petrus, ob sie nicht Königskinder seien, frei, diese Abgabe zu zahlen. Und als Petrus das bejahte, befahl er ihm doch, ans Meer zu gehen, und sprach: Damit wir sie nicht ärgern, geh hin, den ersten Fisch, den du fängst, den nimm und in seinem Maul wirst du einen Pfennig finden, den gib für mich und dich. Das ist ein schönes Beispiel für die Lehre, dass Christus sich und die Seinen freie Königskinder nennt, die nichts brauchen, und sich doch bereitwillig unterwirft, dient und den Zins gibt. So wenig nun das Werk Christi nötig war und zu seiner Gerechtigkeit und Seligkeit gedient hätte, so wenig sind seine und seiner Christen Werke ihnen zur Selig-

frumkeit oder seligkeit / so vil sein alle ander sein vnd seyner Christen werck yhn not zur seligkeit / sondern sein allis frey dienste / zu willen vnd besserung der andern. Also solten auch aller priester / klôster vnd stifft werck gethan sein / das ein yg-licher seynis stands vnd ordens werck allein darumb thet / den andernn zu wilfaren vnd seynen leib zu regieren / den an-dernn exempell zu geben auch also zu thun / die auch be-durffenn yhre leyb zu zwingenn / doch altzeit / fursehen / das nit da durch frum vnd selig werdenn / furgenommen werd. Wilchs allein des glaubens vormûgen ist. Auff die weysze ge-peut auch S. Paul Ro. 13.[54] vnd Tit. 3.[55] Das sie sollen weltlicher gewalt vnterthan vnd bereyt sein / nit das sie da durch frum werden sollen / sondern das sie den andernn vnd der vbirkeit da mit frey dieneten / vnd yhren willen thetten ausz lieb vnd freyheit. Wer nu dissen vorstand hette / der kund leychtlich sich richtenn / ynn die vntzellichen gepotten vnd gesetzen des Babsts / der Bischoff / der klôster / der stifft / der fursten vnd herrnn / die etlich tolle prelaten alszo treyben / als weren sie nott zur seligkeit / vnd heyssen es / gepott der kirchen / wie wol vnrecht. Denn ein freyer Christen spricht alszo. Ich wil fasten / betten / ditz vnd das thun / was gepotten ist / nit daz ichs bedarff oder da durch wolt frum oder selig werden / son-dern ich wils dem Babst / Bischoff / der gemeyn / oder mey-nem mit bruder/ herrn zu willen / exempel vnd dienst thun vnd leydenn / gleych wie mir Christus viel grôsser ding zu willen than vnd geliden hatt / des yhm vill weniger nott ware. Vnd ob schon die tyrannen vnrecht thun solchs zu foddern / szo schadets mir doch nit / die weyl es nit widder gott ist.

Czum .xxix. Hierausz mag ein yglicher ein gewisz vrteyl vnd vnterscheydt nehmen / vnter allen wercken vnd gepot-

---

[54] Vgl. Röm 13,1–7. [55] Vgl. Tit 3,1.

keit nötig, sondern es sind alles freie Dienste um der andern willen und zu ihrer Besserung. In diesem Sinne sollten auch alle Werke der Priester, Klöster und Stifte getan werden: dass ein jeder das Werk seines Standes und Ordens allein darum täte, um den anderen zufriedenzustellen und seinen Leib zu regieren, überdies um den anderen ein Beispiel zu geben, ebenso zu tun – denen, die doch auch ihren Leib bezwingen müssen und sich dabei immer vorsehen müssen, nicht dadurch gerecht und selig werden zu wollen, was doch allein in der Kraft des Glaubens steht. In diesem Sinne gebietet auch Paulus Röm 13 und Tit 3, dass die Christen weltlicher Gewalt untertan sein und zur Verfügung stehen sollten, nicht weil sie dadurch gerecht werden könnten, sondern weil sie den anderen und der Obrigkeit damit frei dienen sollten und deren Willen aus Liebe und Freiheit täten. Wer nun über dieses Verständnis verfügt, der kann sich leicht auf die unzähligen Gebote und Gesetze des Papstes, der Bischöfe, der Klöster, der Stifte, Fürsten und Herren einrichten, die etliche verrückte Prälaten so auslegen, als seien sie nötig zur Seligkeit, und die sie zu Unrecht Gebote der Kirche nennen. Denn ein freier Christ spricht so: Ich will fasten, beten, dies und das tun, was geboten ist, nicht weil ich dessen bedürfte oder dadurch gerecht und selig werden wollte, sondern ich will es dem Papst, dem Bischof, der Gemeinde oder meinem Mitbruder, meinem Herrn zuliebe als Beispiel und Dienst tun und leiden; wie doch Christus mir zuliebe viel Größeres getan und gelitten hat, was ihm noch viel weniger nötig war. Und wenn auch die Unterdrücker Unrecht tun, solches zu fordern, so schadet es mir doch nicht, sofern es nicht gegen Gott ist.

Zum Neunundzwanzigsten. Hieraus kann ein jeder ein sicheres Urteil und eine Unterscheidung gewinnen für alle Werke und Gebote, auch darüber, welche Prälaten blind und

tenn / auch wilchs blind tolle oder recht synnige prelaten
sein. Denn wilchs werck nit dahynausz gericht ist / dem andernn zu dienen / oder seynen willen zu leydenn / szo fern er
nit zwing / wider gott zu thun / szo ists nit ein gut Christlich
werck. Daher kumpts / das ich sorg / wenig stifft kirchen /
klôster / altar / mesz / testament / Christlich seinn / Datzu
auch / die fasten vnd gepett etlichen heyligen / sonderlich
gethan. Denn ich furcht / das ynn den allen sampt ein yglicher nur das seyne sucht / vormeynend damit sein sund zu
bûssen vnd seligk werden. Wilchs allis kumpt ausz vnwissen-
heit des glaubens vnd Christlicher freyheit / Vnd etlich blind
pralaten / die leuth da hynn treybenn vnd solch weszen preys-
sen / mit ablas schmucken vnd den glauben nymmer mehr leren. Ich rate dir aber wiltu etwas stifften / betten / fasten / so
thu es nit der meynung / daz du wollist dir etwas guts thun /
sondern gibs dahin frey / daz andere leuth desselben geniszen
mugen vnd thu es yhn zu gut / so bistu ein rechter Christen /
was sollen dir dein gûtter vnd gute werck die dir ûbrig sein /
dein leyb zu regieren vnd versorgen / so du gnug hast am
glaubenn / daryn dir gott alle ding geben hat. Sihe also mussen gottis gutter fliessen ausz eynen / yn den andern vnd gemeyn werden. daz ein yglicher sich seynis nehsten also an-
nehm / als were ersz selb. Ausz Christo fliessen sie yn vns / der
sich vnser hatt angenommen ynn seynem lebenn / als were er
daz gewesen / daz wir sein. Ausz vns sollen sie fliessen / yn
die / so yr bedurffen. Auch so gar / daz ich musz auch meynenn glaubenn vnd gerechtickeyt / fur meynenn nehsten setzen fur gott / seyne sund zu decken / auff mich nehmen vnd
nit anders thun / denn als weren sie meyn eygen / eben wie
Christus vns allen than hatt. Sich das ist die natur der liebe /
wo sie warhafftig ist / Da ist sie aber warhafftig / wo der
glaub warhafftig ist. Darumb gibt der heylig Apostell / der

verrückt sind und welche vernünftig. Denn welches Werk nicht darauf ausgerichtet ist, dem anderen zu dienen oder seinen Willen zu ertragen – sofern er nicht dazu zwinge, gegen Gott zu handeln –, das ist kein gutes christliches Werk. Daher mache ich mir Sorgen darum, dass wenige Stiftskirchen, Klöster, Altäre, Messen, Testamente christlich sind, dazu auch das Fasten und das Gebet zu einigen Heiligen, wenn es für sich getan wird. Denn ich befürchte, dass in all dem jeder nur das Seine sucht, meint, damit seine Sünde zu büßen und selig zu werden. Das alles kommt aus der Unwissenheit über den Glauben und über die christliche Freiheit und durch etliche blinde Prälaten, die die Leute dahin treiben und ein solches Wesen preisen, mit Ablass schmücken und den Glauben nicht mehr lehren. Ich rate dir aber: Willst du etwas stiften, beten, fasten, so tu es nicht in der Meinung, du wollest dir etwas Gutes tun, sondern gib es frei weg, damit andere Leute davon Nutzen haben; tu es ihnen zugute, dann bist du ein rechter Christ. Wozu sollen dir deine Güter und guten Werke, die im Überfluss geschehen, um deinen Leib zu regieren und zu versorgen, dienen, da du genug hast am Glauben, worin dir Gott alle Dinge gegeben hat? Sieh, auf diese Weise müssen Gottes Güter aus dem einen in den andern fließen und gemeinschaftlich werden, dass ein jeder sich seines Nächsten so annehme, als wäre er es selbst. Aus Christus fließen sie in uns, der sich in seinem Leben unser angenommen hat, als wäre er das gewesen, was wir sind. Aus uns sollen sie fließen in die, die sie nötig haben – bis dahin, dass ich sogar meinen Glauben und meine Gerechtigkeit für meinen Nächsten vor Gott einsetze, um seine Sünde zu decken, sie auf mich zu nehmen und nicht anders damit umzugehen, als wären sie mein eigen, ebenso wie es Christus für uns alle getan hat. Siehe, das ist die Natur der Liebe, wenn sie wahrhaftig ist. Sie ist aber da wahrlieb zu eygen. 1. Cor. 13. Das sie nit sucht das yhre / sondern / was des nehsten ist.[56]

Czum .xxx. Ausz dem allenn folget der beschlusz / das eyn Christen mensch lebt nit ynn yhm selb / sondern ynn Christo vnd seynem nehstenn / ynn Christo durch den glauben / ym nehsten / durch die liebe / durch den glauben feret er vber sich yn gott / ausz gott feret er widder vnter sich durch die liebe / vnd bleybt doch ymmer ynn gott vnd gottlicher liebe / Gleych wie Christus sagt Iohan. 1. Ihr werdet noch sehen den hymell offen stehn / vnd die Engell auff vnd absteygenn vbir den Sun des menschenn.[57]

Sihe das ist / die rechte / geystliche / Christliche freyheyt / die das hertz frey macht / von allen sundenn / gesetzen / vnd gepotten / wilch alle andere freyheyt vbirtrifft / wie der hymell die erdenn / Wilch geb vns gott recht zuuorstehen vnd behaltenn / AMEN.

---

[56] 1Kor 13,5. [57] Joh 1,51.

haftig, wo der Glaube wahrhaftig ist. Darum spricht der Apostel der Liebe 1 Kor 13 zu, dass sie nicht das Ihre sucht, sondern, was des Nächsten ist.

Zum Dreißigsten. Aus dem allen ergibt sich die Folgerung, dass ein Christenmensch nicht in sich selbst lebt, sondern in Christus und seinem Nächsten. In Christus durch den Glauben, im Nächsten durch die Liebe. Durch den Glauben fährt er über sich in Gott. Aus Gott fährt er wieder unter sich durch die Liebe und bleibt doch immer in Gott und in göttlicher Liebe, wie Christus Joh 1 sagt: Ihr werdet den Himmel offen stehen sehen und die Engel auf- und absteigen über den Sohn des Menschen.

Siehe, das ist die rechte geistliche christliche Freiheit, die das Herz frei macht von allen Sünden, Gesetzen und Geboten, welche alle andere Freiheit übertrifft wie der Himmel die Erde. Die gebe uns Gott recht zu verstehen und zu behalten. Amen.

B
Erläuterungen

ZUM TEXT

Die klassische Edition des Textes findet sich in der Weimarer
Ausgabe (WA) der Werke Martin Luthers (WA 7, [12-19] 20-38).
Diese Textform aus dem Jahr 1897 ist das Resultat des quel-
lenkritischen Historismus in der Theologie und als solche
unverzichtbar. Hier wird die Textversion aus der Deutsch-
Deutschen Studienausgabe (DDStA, Bd 1, 277-315) vorgelegt,
für die der frühneuhochdeutsche Text noch einmal neu aus
dem Erstdruck (Wittenberg: Johannes Rhau-Grunenberg
1520) erhoben wurde. Dieser Druck ist bei Benzing / Claus unter der Nummer 734, in VD 16 unter dem Sigel L 7198 geführt.
Unser Exemplar befindet sich in Wittenberg, Stiftung Lu-
thergedenkstätten in Sachsen-Anhalt, Lutherhaus unter der
Signatur KuD 69. Diesem Exemplar ist auch die abgebildete
Titelseite entnommen. Elektronisch ist ein anderes Exemplar
dieses Drucks unter der URL http://digitale.bibliothek.uni-
halle.de/vd16/content/titleinfo/999748 einsehbar.

Von der Freiheitsschrift gibt es, ebenso wie von dem dazu
gehörenden Widmungsbrief an Papst Leo X., eine deutsche
und eine lateinische Fassung. Dieses Buch beschränkt sich auf
den deutschen Text. Er steht im Zusammenhang anderer
volkssprachlicher Schriften Luthers, die alle einem einzigen
seelsorglich-praktischen Zweck gewidmet sind: das Evangelium den Menschen verständlich zu machen. Demgegenüber
verdankt sich die lateinische Fassung der Absicht, die Ausführungen zum Kernbestand evangelischer Frömmigkeit
nach Luthers Verständnis dem Papst und der gelehrten Welt
vorzulegen. Von der deutschen Fassung erschienen zwischen
1520 und 1524 siebzehn hochdeutsche Ausgaben sowie eine
niederdeutsche, drei weitere Ausgaben folgten 1525, 1526 und
1531; die lateinische liegt zwischen 1520 und 1524 in zehn Aus-

gaben sowie einer deutschen Übersetzung (Zürich 1521), einer
tschechischen (1521), französischen (1525?), englischen (um
1535), einer niederländischen, einer spanischen (1540) und
einer italienischen (um 1546) Übertragung vor. Die rasche
Verbreitung und Beachtung der deutschen Version dürfte damit zusammenhängen, dass sie kürzer und prägnanter ist –
auch wenn man sich hier und da weitere Differenzierungen
wünschte. Den lateinischen Text nimmt der ausführliche
Kommentar von Reinhold Rieger als Basis und erläutert von
ihm aus die Varianten der deutschen Fassung. Riegers Buch
ist für eine gründliche wissenschaftliche Beschäftigung mit
unserem Text unverzichtbar.

ZUR GESCHICHTE

Mit der Veröffentlichung der 95 Thesen gegen die Ablass-
praxis hatte Luther die kirchliche Obrigkeit herausgefor-
dert. Der zuständige Erzbischof Albrecht von Mainz leitete
die Thesen nach Rom weiter, und die römische Kirche eröff-
nete ein Rechtsverfahren gegen den Wittenberger Professor.
Nachdem sich in Gesprächen mit Vertretern der römischen
Kirche, insbesondere mit Kardinal Cajetan in Augsburg im
Oktober 1518, keine Verständigung ergeben und Luther auch
auf der Disputation in Leipzig im Sommer 1519 zu erkennen
gegeben hatte, dass er seine Stellungnahme nicht widerrufen
werde, wurde ihm zunächst der Bann, die Exkommunikation,
der Ausschluss aus der kirchlichen Gemeinschaft, angedroht.
In der Bulle *Exsurge, Domine* (Erhebe dich, Herr) vom 15. Juni
1520 verurteilten Papst und Kurie 41 Aussagen Luthers als
„häretisch oder anstößig oder falsch oder fromme Ohren
verletzend oder einfache Gemüter verführend und der katho-

lischen Wahrheit widerstrebend". Doch auch diese Androhung erbrachte nicht das von der Kirche gewünschte Ergebnis. Daher war die Exkommunikation die zwingende Folge. Sie wurde am 3. Januar 1521 mit der Bannbulle *Decet Romanum pontificem* (Es geziemt dem Papst in Rom) ausgesprochen.

Genau in die Phase zwischen der Bannandrohungsbulle, aufgrund derer mit dem Vollzug des Banns gerechnet werden musste, und der tatsächliche erfolgenden Exkommunikation fiel die Abfassung des Freiheitstraktats. Zwei Motive unterschiedlichen Gewichts kamen darin zusammen. Das erste war eine eher strategische Überlegung, ausgelöst durch den Versuch des sächsischen Adligen Karl von Miltitz, in der Luthersache zwischen dem Papst und dem Wittenberger Mönch zu vermitteln. Miltitz hatte Luther dazu gebracht, seine Auffassung noch einmal möglichst elementar und unpolemisch niederzuschreiben und an Papst Leo X. zu schicken. Dazu hatte Luther sich bereiterklärt, und daraus wird auch ersichtlich, warum es die lateinische Fassung der Freiheitsschrift gibt und warum sie mit einem öffentlichen Brief an den Papst als Beilage versehen wurde. Dass diesem Vermittlungsversuch nach Lage der Dinge kein Erfolg beschieden sein konnte, steht auf einem anderen Blatt, lässt sich aber auch anhand einer Analyse des Sendschreibens an den Papst ohne Mühe erkennen. Das andere Motiv dürfte darin bestanden haben, dass Luther sich in der offensichtlichen Zwangssituation zwischen Androhung und Vollzug des Banns zu einer intensiven Darstellung der Sache des Evangeliums veranlasst sah, das ihn bewegte. Lebenslagen der Bedrängnis, die solche Zuspitzungen fördern, lassen sich nachvollziehen. Dass Luther eben nicht nur in der Sprache der Gelehrten vor dem Papst Rechenschaft geben, sondern zugleich die zentralen Einsichten im Verständnis des Evangeliums der breiten Leserschaft kundtun wollte, mit der er inzwischen rechnen konnte, passt zum inhaltlichen Profil seiner öffentlichen Theologie.

In der wissenschaftlichen Diskussion wird die Frage, welche der beiden Fassungen der anderen voranging, unterschiedlich beantwortet. Man kann die vorgebrachten Argumente hin und her wenden – entscheidend dürfte die Tatsache sein, dass derselbe Gedankengang in zwei Richtungen vorgetragen wurde. Die dabei auftretenden Verschiebungen in Sprache und Argumentation folgen aus der Verschiedenheit der Adressaten. Die Wirkung der deutschen Fassung der Freiheitsschrift hat die der lateinischen übertroffen. Aber auch stilistisch kommt in der deutschen Version eine ausgesprochene Frische und Lebendigkeit zu Wort.

Dass Luther das Wesen des Christseins als Freiheit kenntlich machte, stellte eine theologische Neuerung dar, welche Züge der politischen und gesellschaftlichen Debatte der Zeit durch theologische Einsichten ins Prinzipielle vertiefte (Georg Schmidt, Luthers Freiheitsvorstellungen). Seine durchaus mit der humanistischen Rhetorik vertraute Argumentation schloss an „deutsche" Freiheitsvorstellungen an, wie sie im Umfeld nicht nur Ulrich von Huttens und Franz von Sickingens artikuliert wurden; in ihnen finden auch neue anthropologische Einstellungen ihren Ausdruck. Allerdings gibt es wohl keine so grundsätzliche Erörterung des Freiheitsthemas wie in dieser Schrift Luthers. Sie hat dann ihrerseits Debatten nach sich gezogen, über die an anderer Stelle zu berichten ist.

Das neue und grundsätzliche theologische Verständnis der Freiheit, wie es sich in dieser Schrift artikuliert, hatte sich bei Luther seit Beginn des Ablassstreites vorbereitet, als er im Widmungsschreiben der 95 Thesen an den Mainzer Kurfürs - ten Albrecht, in dem er sich auf seine Funktion als Lehrer der christlichen Religion berief, seinen Herkunftsnamen „Luder" über die gräzisierte Variante „Eleutherius" (der Freie) zur seither unverändert gebliebenen Namensform „Luther" umgestaltete. In diesem Namen spricht sich die Überzeugung aus, dass das Evangelium es mit der je eigenen Person zu tun hat und diese durch das Verhältnis zu Gott in die Freiheit führt. Dass Luther also nicht nur einen konzeptionellen Begriff von Freiheit entfaltet, sondern Freiheit als Grundmerkmal christlichen Lebens darstellt, besitzt Anhalt an seiner eigenen Lebensgeschichte (Reinhard Schwarz, Luthers Freiheitsbewusstsein).

Diese wenigen Bemerkungen mögen ausreichen, um das historische Umfeld von Luthers Schrift grundsätzlich zu ermessen. Bei Rieger finden sich detaillierte Angaben zum historischen und literarischen Kontext. Auf Anleitungen zu einem intensiveren Luther-Studium verweist das Literaturverzeichnis, das auch Nachweise zu den genannten Autoren enthält.

Zur Erklärung

Luthers Traktat von der Freiheit eines Christenmenschen ist ein dicht geschriebener Text. Darum lohnt es sich, Luther beim Wort zu nehmen, also dem Wortlaut zu folgen, möglichst keine Bedeutung, keine rhetorische Figur, keinen Stilwechsel zu übersehen, auch die angeführten Bibelstellen auf ihre Herkunft und Funktion hin zu bedenken. All diese Elemente tragen wesentlich zum Inhalt bei.

Eben die Wörtlichkeit des Textes ist es aber, die auf den Gedanken hinführt. Gedanken lassen sich auch anders formulieren, als der Autor es tut. Gedanken stellen sich von selbst in den Kontext anderer Gedanken, um sich ihnen anzunähern und auch wieder von ihnen abzugrenzen. Dieser

Zusammenhang der Gedanken erlaubt es, den Autor konstruktiv zu würdigen und kritisch zu befragen. Wer beim Wort genommen werden will, findet sich im Gespräch der Gedanken wieder, das Zustimmung und Kritik einschließt.

Diesen beiden Verfahrensweisen, der erläuternden und der konstruktiv-kritischen, folgt dieser Kommentar zu Luthers Schrift. Damit stellt er sich selbst in die Tradition, die Luther im Umgang mit der Bibel als dem Wort Gottes entworfen und befördert hat: alle theologische Arbeit dem kundigen Urteil der Lesenden, alle Verkündigung der Beurteilung durch die Hörenden zu unterwerfen. Die Autorität ist nicht der Autor, sondern die Sache, von der die Rede ist.

Luther hat von seiner kurzen Schrift viel gehalten. In seinem Begleitbrief an Papst Leo X. sagt er am Ende von ihr: *Es ist ein kleines Büchlein, soweit man das Papier ansieht, aber es ist doch die ganze Summe des christlichen Lebens darin inbegriffen, wenn der Sinn verstanden wird* (DDStA 1, 275). Diesen Sinn zu verstehen, dazu dienen die folgenden Erläuterungen. Luthers fortlaufende Abschnittzählung (Zum Ersten etc.) zitiere ich als Paragraphen (§). Sofern die Zitate im laufenden Text dem gerade besprochenen Paragraphen entnommen sind, werden sie nicht weiter nachgewiesen.

I. CHRISTSEIN IST FREISEIN DURCH CHRISTUS § 1–2

1. Freiheit und Dienstbarkeit und ihr Grund in Christus

§ 1 *dass wir gründlich erkennen, was ein*
   Christenmensch ist
Luthers Doppelthese gehört zu den meistzitierten Stellen seines Werkes. Doch sie genau zu verstehen, erfordert besondere Aufmerksamkeit. Die beiden Sätze sind gedrängt formuliert

und enthalten so viel Spannung, dass diese sich erst am Ende
der Schrift vollends löst.

Der Anspruch, den sie erheben, ist weitreichend. Es geht
darum, dass *wir gründlich erkennen, was ein Christenmensch ist*,
also um die Erkenntnis des Grundes der wesentlichen Bestimmung des Christseins, wie sie gemeinsam (*wir*) zu verantworten ist und wie ihr von allen zugestimmt werden
kann. Das Leitwort dafür heißt Freiheit: Christsein und Freiheit gehören zusammen. Das versteht sich nicht von selbst.
Luther stellt diese Verbindung her in einer historischen Situation, in der auf mancherlei Weise von Freiheit die Rede
ist; die Einleitung hat darauf hingewiesen. Dadurch bringt er
eine prinzipielle Betrachtung in seine Zeit ein: In der Geschichte kommt die Wahrheit des Evangeliums zur Sprache.
Sein Vorgehen, in einer geschichtlichen Lage auf den Grund
des Christseins zu verweisen, erlaubt es, die Verbindung von
Christsein und Freiheit auch in anderen historischen Kon-
texten zu erproben. Besonders aufschlussreich ist dieses Ex-
periment da, wo Freiheit zur Losung einer ganzen Epoche geworden ist, in der Neuzeit.

Die allgemeine Kontur der christlichen Freiheit besteht
darin, dass Christus diese Freiheit *erworben* und dem Christenmenschen *gegeben* hat. Diese Formulierung weist darauf
hin, dass sie aus dem Verhältnis Christi zu Gott entsprun-
gen ist (*erworben*) und von dort aus dem Menschen zukommt
(*gegeben*). Die durch Christus vermittelte Freiheit verbindet
Gott und den Menschen – und in dieses Verhältnis versetzt zu
sein, macht das Wesen des Christenmenschen aus. Er wird
durch Christus, was er ist, gewinnt sein Wesen, seine Freiheit.
Die durch Christus begründete Freiheit des Menschen: Diese
Konzeption nimmt auf alle Fälle einen hohen Rang unter den
Freiheitsverständnissen in der Geschichte ein.

Luther meint jedoch, damit nichts Neues zu sagen. Denn er beruft sich für seine Doppelthese auf Paulus, den ältesten Schriftsteller im Neuen Testament und denjenigen Theologen, der die Verkündigung von Christus als Erster in gedankliche Form gegossen hat. Man muss nur Paulus beim Wort nehmen, um die christliche Freiheit als Wesen des Christenmenschen zu verstehen.

Paulus beim Wort nehmen – das tut Luther dann auch in den drei zentralen Sätzen, die er aus Briefen des Apostels anführt: 1Kor 9,19, Röm 13,8 und Gal 4,4. Sie sind alles andere als willkürlich gewählt – und überaus aufschlussreich, wenn man sich die Logik dieser Auswahl klarmacht. *Ich bin frei in allen Dingen und habe mich doch zu jedermanns Knecht gemacht.* Damit beschreibt Paulus seine eigene Existenz als Apostel, also sein christliches Dasein, von dem er gar nicht ablassen kann, weil es ihn wesentlich ausmacht. Davon ist im ganzen Kapitel 1Kor 9 in aller Ausführlichkeit die Rede. Das Zitat aus Röm 13 spricht nun nicht über den Apostel selbst, sondern über die Christen: *Ihr sollt niemand etwas schuldig sein, außer dass ihr einander liebt.* Ein prominentes Wort aus dem Römerbrief, dem am stärksten systematisch argumentierenden Schreiben des Paulus. In diesem Brief ist es dort zu finden, wo es um die Erfüllung des Gesetzes im Ganzen geht: Der zitierte Grundsatz beschreibt die Struktur des christlichen Lebens vor Gott überhaupt. Auffällig ist, dass Luther hier an beiden Stellen nicht irgendwelche „Lehraussagen" über „den Menschen überhaupt" oder „die Christen im Allgemeinen" aus dem paulinischen Schrifttum herausgreift, sondern Sätze, die die christliche Existenz kennzeichnen. Es handelt sich um Selbstbeschreibungen, und die Struktur dieser christlichen Existenz ist beim Apostel dieselbe wie bei den Menschen in der Gemeinde. Man muss also nicht irgendwelche Sachverhalte für wahr halten oder ein „christliches Menschenbild" vertreten, wenn man Christ ist. Vielmehr leben Christen wesentlich in einer Lebensform, die genau diese beiden Seiten hat: Freiheit und Dienstbarkeit. Die Brücke zwischen beiden Bestimmungen ist die Liebe, wie man Röm 13,8 entnehmen kann. Denn aus freien Stücken dienstbar zu sein, kann nur dann schlüssig sein, wenn diese Dienstbarkeit keine von außen auferlegte Einschränkung der Freiheit darstellt, sondern nichts anderes ist als eine Lebensgestalt der Freiheit selbst. Um das zu verstehen, muss man freilich darauf achten, was denn der Grund dieser Freiheit ist.

Damit kommen wir zum dritten Satz, Gal 4,4: *Gott hat seinen Sohn gesandt, von einem Weib geboren und dem Gesetz untertan gemacht.* Jetzt ist nicht von Paulus, nicht von den Christen, sondern von Christus selbst die Rede. Und auch hier: von seiner Lebensform. Dabei wird die Herkunft Christi von Gott mit seinem Leben als Mensch verbunden. Freiheit kennzeichnet sein Gesandtsein durch Gott. Seine menschliche Existenz ist durch zwei Merkmale bestimmt: als Mensch geboren zu sein und eine Mutter zu haben, einerseits – und zum Tun des Guten vor Gott verpflichtet zu sein, andererseits, also zum Gehorsam gegenüber dem Gesetz. Beides macht seine Dienstbarkeit aus, und man kann das Eine gar nicht vom Anderen trennen. Was dies insbesondere bedeutet, wird klar, wenn man den ganzen Satz Gal 4,4 f. in den Blick nimmt: Christi Einheit von Freiheit und Dienstbarkeit hat den Sinn, dass *er die, die unter dem Gesetz waren, erlöste, damit wir die Kindschaft empfingen.* Auch hier gibt es also keinen Widerspruch zwischen Freiheit und Dienstbarkeit, sondern ein Verhältnis der Konsequenz. Christi Freiheit besteht in seiner Dienstbarkeit, und genau diese Einheit ist es, durch die er uns die Gotteskindschaft mitteilt. Sein ganzes Dasein ist von dieser Einheit bestimmt.

Blicken wir nun auf den Zusammenhang zwischen dem ersten Satz in diesem Paragraphen und der Logik dieser Zitate, dann wird die hohe Schlüssigkeit klar, die Luthers Aufstellungen auszeichnet. Die Existenzform der Christen, sei es als Apostel, sei es als Glied der Gemeinde, macht aus, *was ein Christenmensch ist.* Und sie ist die genaue Folge dessen, was mit Christus geschehen ist: dass ihm nämlich Christus diese Freiheit *erworben und gegeben hat*; erworben in eigener Freiheit in seinem Kommen von Gott, gegeben als Übermittlung der Gotteskindschaft aus Liebe. Aufs Kürzeste gesagt: Die Christenmenschen haben die gleiche Existenzstruktur wie Christus selbst. Sie sind aber in diese Lebensform erst durch Christus hineingekommen. Das macht ihr spezifisches Christsein, das macht ihr christliches Wesen, das macht ihre Freiheit aus. Darum heißen sie Christen oder Christenmenschen: Menschen, die von Christus bestimmt sind und ihm gleich werden.

Wir betrachten von diesen Überlegungen aus Luthers berühmte Doppelbestimmung des Christenmenschen „freier Herr – dienstbarer Knecht" und konzentrieren uns zuerst auf den Wortlaut. *Ein Christenmensch ist ein freier Herr über alle Dinge und niemandem untertan. Ein Christenmensch ist ein dienstbarer Knecht aller Dinge und jedermann untertan.*

Die Widersprüchlichkeit der beiden Ausgangsthesen verblüfft – und diese Verblüffung ist beabsichtigt. Denn sie möchte ein geläufiges Verständnis der Freiheit verstören, nach dem wir teils frei, teils unfrei sind. Danach machen wir die Erfahrung, dass wir manches tun können; wir spüren aber auch die Grenzen, die uns gesetzt sind – Grenzen des eigenen Vermögens ebenso wie Grenzen, die aus der Macht der Natur oder anderer Menschen erwachsen. In dieser Lage kommt es darauf an, die Spielräume der Freiheit zwischen Wollen und Vermögen auszuloten und auszuprobieren. Dass dabei immer eine Inanspruchnahme der Freiheit und ein Bedauern über deren Beschränkung ineinanderlaufen, kennzeichnet die Situation endlichen Lebens.

In deutlicher Abgrenzung davon sagt Luther: *Ein Christenmensch ist ein freier Herr über alle Dinge und niemandem untertan.* Wie kann man das verstehen? Es liegt ja auf der Hand, dass kein Mensch alle Dinge beherrschen kann; es handelt sich also nicht um ein empirisches Urteil. *Über allen Dingen* stehen kann man nur, wenn man in der Lage ist, sich von der Welt insgesamt zu unterscheiden. Das setzt voraus, sich in der Welt, in der wir leben, grundlegend auf sich selbst zu beziehen. Ich unterscheide mich von der Welt, indem ich mich auf mich selbst beziehe – das ist der Grundsatz. Wie ist eine solche Selbstbeziehung möglich? Dafür gibt es zwei denkbare Antworten. Entweder sie entspringt aus der Abgrenzung von der Welt – oder sie folgt einer eigenen Bestimmung. Im ersten Fall wird der Bezug zur Welt unterbrochen, und das Mittel der Unterbrechung ist die Beziehung auf sich selbst. Im anderen Fall realisiert die Selbstbeziehung eine Bestimmung, die ihr gegeben ist. Dann stellt sich unabweislich die Frage, woher denn diese Bestimmung stammt. Wenn der Christenmensch ein *freier Herr* bleiben und *niemandem untertan* sein soll, dann kann diese Bestimmung nicht von einer anderen Herrschaft stammen, also nicht durch irgendetwas oder irgendjemanden in der Welt vermittelt sein. Kann sie von Gott kommen, ohne den Christenmenschen zum Knecht zu machen?

Ein Christenmensch ist ein dienstbarer Knecht aller Dinge und jedermann untertan. Es liegt auf der Hand, dass Luther schon aus rhetorisch-stilistischen Gründen daran gelegen war, die zweite These analog zur ersten zu formulieren. Doch damit ist nicht gesagt, dass der Sinn entsprechend wäre. Fraglos gilt, dass wir in der Welt mit *allen Dingen* so leben, dass wir in die Abläufe der Natur einbezogen sind. Gibt es also darum keine Freiheit, weil der Mensch, wie es etwa ein gegenwärtiges naturalistisches Weltbild meint, ein bloßes Element der Natur ist? Dagegen spricht, dass ein *dienstbarer Knecht* sich zu dem in Beziehung setzen muss, dem er dient. Wie kann man *allen Dingen* dienen und *jedermann untertan* sein? Offenbar nur so, wenn man weiß, wozu und wem *alle Dinge* dienen sollen. Die Dinge der Welt sachentsprechend zu behandeln, ist dann der Sinn des „Dienens". Und nur so lässt sich auch verstehen, dass der Christenmensch *jedermann untertan* sein soll. Nicht der Willkür beliebiger Menschen ausgesetzt – das würde ja unmittelbar zu eklatanten Widersprüchen führen –, sondern ausgerichtet auf das, was ihnen dienlich ist. In die Position der Dienstbarkeit kommt ein Christenmensch, indem er seiner Bestimmung folgt, die nicht Folge einer Unterdrückung ist, gegen die man aufbegehren muss. Mit den Mitmenschen nach dem Maß dessen umgehen, was ihnen dienlich ist: Das ist, wie wir später genauer sehen werden, ein universalisierbarer Gedanke.

Die beiden Sätze von der Freiheit und der Dienstbarkeit bezeichnen die grundsätzliche Stellung des Christenmenschen, die in seinem Verhalten anschaulich wird; insofern machen sie sein Wesen aus. So sehr sie als Widerspruch formuliert sind, so sehr müssen sie sich doch auf einen gemeinsamen Sachverhalt beziehen – den Lebensvollzug des Christenmenschen in Freiheit.

Wenn man die beiden Thesen in zugespitzter Weise interpretiert, dann stellen sie ursprünglich eine Beschreibung Jesu Christi dar: *Er* ist als Sohn Gottes *Herr über alle Dinge* und niemandem untertan. Und *er* hat *umfassende Dienstbarkeit* erwiesen und sich selbst jedermann untertan gemacht, indem er sein Leben für alle gegeben hat. Die Einheit beider Sätze findet ihren Grund in Christus; die christliche Existenz lebt von Christus und in Christus. Damit haben wir die Grundformel vor Augen, von der her man die gesamte Schrift begreifen kann.

Weil nun die Freiheit des Christenmenschen *durch Christus erworben und gegeben* ist, versteht sie sich nicht von selbst; sie muss als Ziel eines Weges aus der Unfreiheit verstanden werden. Diesen Weg zu beschreiben, ist Luthers nächste Absicht. Dabei geht er so vor, dass er als Ausgangslage die Unfreiheit voraussetzt, die das menschliche Leben kennzeichnet, um dann in drei Schritten den Weg zur Freiheit zu zeichnen. Die Unfreiheit erweist sich als mit der Leib-Seele-Differenz verbunden, in der der Mensch lebt (§ 2–4). Diese wird kritisch mit der biblischen Alternative von altem und neuem Menschen überschrieben und durch das Wort Gottes neubestimmt. Diese Neubestimmung führt Luther zunächst thetisch ein (§ 5), um ihr Geschehen sodann in zwei Argumentationsgängen auszuführen (§ 6–7; § 8–10).

2. Die Doppelnatur des Menschen und die Notwendigkeit ihrer Verwandlung

§ 2 ein jeder Christenmensch ist von zweierlei Natur
Indem Luther von *zweierlei Natur* des Christenmenschen spricht, greift er auf die alte, klassische Leib-Seele-Unterscheidung der philosophischen (und theologischen) Tradition zurück, um sich kritisch auf sie zu beziehen. Damit seine Kritik richtig verstanden werden kann, ist ein Blick auf die Grundzüge der Unterscheidung von Leib und Seele nötig.

Der Mensch ist dasjenige Wesen in der Natur, das sein Dasein zu verantworten hat. Diese Verantwortung setzt voraus,
die Welt zu erkennen und sich selbst zu bestimmen. Man
kann auch sagen: Der Mensch als Naturwesen ist im gleichen
Maße Kulturwesen. Dieses Bewusstsein der Verantwortung
spricht sich schon in dem einfachen Freiheitsverständnis aus,
demzufolge wir manches können und sollen, anderes aber
nicht vermögen. Die Verantwortung, die sich in Welterkenntnis und Selbstbestimmung ausdrückt, ist möglich aufgrund des menschlichen Bewusstseins, das sich auf Gege-
benheiten der Welt und auf Zustände des Selbst zu beziehen
vermag. Dafür muss die Fähigkeit vorliegen, sich von dem Gegebenen zu unterscheiden und es Maßstäben zu unterwerfen, die gegenüber dem Verlauf von Erscheinungen und Stimmungen eine höhere Beständigkeit besitzen. Damit dies alles
geschehen kann, ist im Menschen eine Instanz anzunehmen,
die sich einerseits auf Beständiges, welches nicht dem natürlichen Vergehen unterworfen ist, zu beziehen weiß und sich
dieses anzueignen vermag. Diese Instanz muss andererseits
dazu imstande sein, Erkenntnis zu sichern und das eigene
Dasein in der Welt zu bestimmen. Die Bezeichnung für diese
Instanz lautet in der philosophischen Tradition unterschiedlich; wir verwenden hier mit Luther den Ausdruck *Seele*. Die
Seele als Inbegriff von Erkenntnis und Selbstbestimmung
steht aufgrund der Notwendigkeit einer inneren Selbstunter-
scheidung der anderen Instanz im Menschen gegenüber, die
in Luthers Sprachzusammenhang *Leib* genannt wird. Der
Leib gehört als Organismus der natürlichen Welt an und unterliegt ihren Bedingungen, also der Flüchtigkeit der Erscheinungen, dem Schwanken der Eindrücke und Stimmungen,
insgesamt: der Vergänglichkeit alles Endlichen. Ihm gegenüber vermittelt die Seele die Möglichkeit, Erscheinungen zu

dauerhafter Erkenntnis zu verstetigen und den Lauf des Lebens in eigene Verantwortung zu übernehmen. Dazu muss der Leib durch die Seele bestimmt sein.

Damit die Seele diese Bestimmung vornehmen kann, muss sie zugleich an sich selbst bestimmt sein; sie nimmt ihre Funktion im Gegenüber zum Leib nur dann richtig wahr, wenn sie sich in ihrer bestimmenden Kompetenz von ihm unterscheidet.

Nun sind die Auskünfte, wie man sich diese eigentümliche Bestimmung der Seele denken kann, in der Philosophie seit der klassischen Antike verschieden. Nach *Platon*, der diesen Unterschied zuerst konsequent und wirkmächtig ausgearbeitet hat, geht die Eigenart der Seele darauf zurück, dass sie an der Unvergänglichkeit der Ideen teilhat; diese Orientierung bringt sie nicht nur in die Erkenntnis der Welt ein, sie leitet auch die menschliche Lebensführung an.

Für *Aristoteles* sind Seele und Leib nicht so streng kategorial geschieden; vielmehr zeigt sich in allem, was ist, ein Gefälle zwischen dem, was zu einem bestimmten Dasein gebracht wird, und dem, das für diese Formung verantwortlich ist. Im Fall des Menschen ist es dann eben die Seele, die den Leib so prägt, dass er als Ort menschlichen Lebens da ist.

In der Konzeption *Kants* erfolgt die Bestimmung der „Seele", bei der hier zwischen dem welterkennenden Verstand und der selbstbestimmenden Vernunft zu differenzieren ist, vor aller Erfahrung. Ihre Bestimmung besteht, auf der Seite der Welterkenntnis, in den Rezeptions- und Ordnungsmechanismen, die unserem Verstand schon mit seinem Gebrauch zugehören; auf der Seite der Selbstbestimmung ist es die Anwendung der Vernunft auf sich selbst, welche auf den Gedanken einer Allgemeinheit des Handelns führt. Diese drei Konzepte werden uns noch beschäftigen, wenn wir Luthers kritische Beleuchtung der Leib-Seele-Unterscheidung verfolgen.

Nun bleibt in allen diesen Konzepten, so unterschiedlich sie ausgeführt sind, ein Merkmal konstant: Sie verdanken sich alle der Notwendigkeit, Leib und Seele im Menschen zu unterscheiden und den Menschen in dieser Differenz zu bestimmen. Das hat – in allen drei philosophischen Lehrgestalten – zwei gemeinsame Konsequenzen. Erstens ist die Unabhängigkeit der Seele ein Postulat, das sich aus den Notwendigkeiten ergibt, in der wechselhaften und vergänglichen Welt der Natur Erkenntnis und Selbstbestimmung, also wahres menschliches Leben, zu realisieren. Zweitens zeigt sich die Verbindung von Leib und Seele darin als unüberholbarer Ausgangspunkt, dass die Aufgabe dieser Bestimmung niemals endgültig abgeschlossen werden kann. Wenn der platonische Sokrates gelassen auf seinen Tod zugeht, so darum, weil erst dann die Seele die anstrengende und unvollendbare Aufgabe los wird, den Leib bestimmen zu müssen; eigentlich kann sie das gar nicht, sondern will ihn loswerden. Auch bei Aristoteles bleibt der Mensch in dem Werdeprozess, den sein Leben ausmacht, befangen; jeder kann eben nur so gut zur Formung seines eigenen Lebens gelangen, wie es in seinen Kräften steht. Für Kant schließlich ist die Erkenntnis des Sollens, so wahr sie sich vor aller Erfahrung aufbaut, auch dann noch verbindlich, wenn der leibliche Mensch nicht mehr da ist; sie ist unbedingt, also auch unendlich.

Damit treten zwei Eigentümlichkeiten der Leib-Seele-Unterscheidung in den Blick. Erstens gilt, dass diese Unterscheidung selbst in dem Horizont bleibt, aus dem heraus sie sich aufgedrängt hat. Die Seele bleibt auf den Leib bezogen. Das deutet zweitens darauf hin, dass Leib und Seele doch, trotz aller Unterscheidung, in einen gemeinsamen Zusammenhang gehören; in gewisser Weise sind sie beide Elemente der einen Welt, in der wir leben. Eine Instanz, die nicht diesem Schema angehört, ist undenkbar. Das betrifft auch die Gottesbegriffe, wo sie – in unterschiedlicher Bestimmung und Funktion – von den genannten Philosophen entworfen werden.

Es sind insbesondere diese beiden grundlegenden Gesichtspunkte, die Immanenz sogar noch der letzten Bestimmung der Seele und die Unvollendbarkeit ihres Bestimmungsprozesses, die den Anhalt für Luthers Kritik bieten. Diese Kritik rückt das gesamte hier vorliegende Modell unter die Kategorie des „alten Menschen" im Gegenüber zum „neuen Menschen".

Unter diesem Gesichtspunkt wird die Tatsache, dass das Menschenleben den Gegensatz von Leib und Seele nicht aufheben kann, als Signatur des alten Menschen gewertet, der, streng betrachtet, insgesamt zum Vergehen bestimmt ist. Allerdings kann man diese anhand des Vergänglichen getroffene Bestimmung nur dann ernst meinen, wenn man im Gegensatz zum „alten Menschen" mit einem „neuen Menschen" rechnen darf. Der „neue Mensch" muss folglich, obwohl er an der Leib-Seele-Differenz teilhat, einer Bestimmung der „Seele" unterliegen, die sich nicht mehr der Unterscheidung von der Welt verdankt. Und er muss sich dann auch hinsichtlich des Umgangs mit der eigenen Endlichkeit von den verschiedenen philosophischen Konzepten unterscheiden, mit der Situation der Gespaltenheit des Menschen zwischen Seele und Leib umzugehen. Im neuen Mensch müssen Inneres und Äußeres auf gelungene Weise zusammenkommen. Macht man sich dies klar, dann kann man den Anspruch von Luthers christlichem Freiheitsbegriff ermessen. Er muss die Lösung des Freiheitsproblems des Menschen überhaupt zur Darstellung bringen und geltend machen. In der Freiheit eines Christenmenschen koinzidieren innere Freiheit und äußeres Leben.

Die Umformung der klassischen philosophischen Leib-Seele-Unterscheidung in die theologische Alternative von altem und neuem Menschen samt ihren Konsequenzen lässt sich an Luthers Einführung der zwei Naturen des Menschen Wort für Wort nachvollziehen. *Nach der Seele wird [der Christenmensch] ein geistlicher, neuer, innerer Mensch genannt, nach Fleisch und Blut wird er ein leiblicher, alter, äußerlicher Mensch genannt.* In der Abfolge dieser Kennzeichnungen steckt eine ganze Geschichte. *Geistlich – leiblich*: Das ist das erste Gegensatzpaar. Das kommt mit dem Unterschied überein, den wir soeben an der wirkmächtigen Unterscheidung von Seele und Leib vorgeführt haben. Das Geistliche soll das Leibliche bestimmen. Aber das kann es nicht vollständig tun. Darum kommt jetzt die zweite Opposition ins Spiel: *neu – alt*. Der Mensch, der die Imperative der Seele nicht zu realisieren vermag (warum auch immer das so ist), ist als alter Mensch zum Vergehen bestimmt; er bleibt damit auch in seiner seelischen Existenz unter der Abhängigkeit von der Natur und ihren Erscheinungsformen; er altert und stirbt. Die theologische Betrachtung nimmt dieses Vergehen des alten Menschen nun aber nicht als natürliches Schicksal hin. Für sie ist „alt" nicht nur ein Merkmal des zeitlichen Verlaufs des Menschenlebens auf den Tod hin, sondern eine qualitative Kennzeichnung: Der alte Mensch ist der, der seiner Bestimmung nicht entspricht. Die Vergänglichkeit des Menschen ist nicht einfach das Resultat seiner natürlichen und sozialen Abhängigkeit, sondern die Folge einer inneren Bestimmungswidrigkeit der menschlichen Seele. Wenn der Mensch neu werden soll, dann muss diese falsche Bestimmung überwunden werden. Dazu muss über das Verhältnis von Leib und Seele hinausgegangen werden. Der neue Mensch wird durch die Beziehung Gottes zu ihm bestimmt. Daraufhin ist er derjenige, der von Gott her tut, was er soll, also seiner Bestimmung nachkommt. An dieser Stelle kommt nun das dritte Begriffspaar zur Geltung: innerer und äußerer Mensch. Während *geistlich – leiblich* ebenso wie *alt – neu* auf einen unaufgehobenen Gegensatz verweisen, können Innerliches und Äußerliches durchaus miteinander bestehen. Wir wissen, dass sie das nicht von selbst tun, sondern in eine wohlgeordnete Übereinstimmung versetzt werden müssen. Genau das aber geschieht auch, wenn das von Gott her bestimmte Innere das äußere Handeln prägt.

Der klassisch philosophisch beschriebene, grundsätzlich unüberwindliche Gegensatz von Seele und Leib wird auf dem Weg über seine religiöse Vertiefung und Verschärfung in den Widerspruch von altem und neuem Menschen durch Gott selbst überwunden und zu einem Miteinander von Innerlichem und Äußerlichem umgestaltet. Wo dieser Zustand im Menschen vorliegt, kann man von Freiheit reden, die sich in Dienstbarkeit zur Darstellung bringt. Luther knüpft also an die elementare anthropologische Differenz von Seele und Leib an, bestimmt deren unaufgelöste Spannung aber theologisch als Gegensatz von Alt und Neu, um schließlich im bestimmten Miteinander von innerem und äußerem Leben zu enden.

Es liegt auf der Hand, dass mit dem geistlichen, inneren Menschen zu beginnen ist, von dem her sich das Leben des äußeren, leiblichen Menschen gestaltet.

II. Der innere Mensch: Freiheit im Glauben § 3–18

1. Die Weg in die Freiheit des Glaubens

Die Paragraphen 3–10 der Freiheitsschrift enthalten die entscheidenden systematischen Argumentationen Luthers zur Begründung seiner These von der Freiheit: Freiheit besteht im Glauben. Dabei verfolgt er eine sehr genaue Logik. Den Einstieg wählt er über die negative Aussage, dass nichts Äußerlich-Weltliches die Freiheit eines Christenmenschen begründen kann. Die positive Entfaltung erfolgt in drei Schritten.

Erstens verweist Luther thetisch auf das Wort Gottes als Bestimmung des inneren Menschen. Damit bezieht er sich auf die Fähigkeit der Seele, Sprache zu verstehen und mit ihr umzugehen (§ 5).

Zweitens bestimmt er das Wesen des Wortes Gottes danach, wie es sich dort erweist, wo es gehört wird. Gehört wird es als Anrede, die den Menschen zum Tun verpflichtet, die ihn aber auch zur Selbstbestimmung einlädt. Dabei gründet die Einheit des Wortes Gottes in dieser zweifachen Gestalt der Anrede darin, dass es von Christus gesprochen wird. Durch seine Anrede wird der Glaube hervorgerufen, der das Wort Gottes annimmt (§ 6 und 7).

Drittens geht es darum zu zeigen, dass die elementaren Redeformen der Bibel, Gebot und Verheißung, in der Verkündigung Jesu Christi kulminieren und darum in ihr begründet sind. Damit erweist sich die Predigt von Christus als Mitte der Heiligen Schrift – so dass, umgekehrt, jede Verkündigung des Wortes Gottes in der Bibel auf Jesus Christus zuläuft (§ 8 und 9). Das menschliche Wort, wie es in menschlicher Sprache als Anrede in den Gestalten von Forderung und Verheißung laut wird, findet seine letzte Konzentration in Christus, der uns in seiner Verkündigung mit dem Wort Gottes konfrontiert, welches wir nur so annehmen können, dass wir ihm glauben und dadurch im Glauben frei werden.

Unser Kommentar entfaltet diesen systematischen Zusammenhang, wie er hier im Vorblick gegeben wurde, indem er den einzelnen Textabschnitten genau folgt.

§3 kein äußerliches Ding ... reicht an die Seele heran

Luther erläutert an dieser Stelle die erste der beiden Eingangsthesen genauer, um den Ansatzpunkt der Neubestimmung der Seele zu finden. Wir können also an unsere Beobachtungen zu §1 anknüpfen. *Ein Christenmensch ist ein freier Herr über alle Dinge und niemandem untertan.* Es liegt auf der Hand, dass die gemeinte Herrschaft sich nicht über eine empirische Beherrschung aufbauen kann. Einerseits ließe sie sich niemals *über alle Dinge* erstrecken. Andererseits würde ein solcher Herr sich von dem abhängig machen, was er beherrscht; er unterläge dem, was er zu unterwerfen beansprucht. Damit wäre er der Dialektik von Herrschaft und Knechtschaft unterworfen, wie sie die Weltgeschichte prägt - käme also nie zur Freiheit. Es ist aber genauso auszuschließen, dass dem Christenmenschen die Position der Herrschaft über alle Dinge von einem anderen Herrn übermittelt werden könnte. Denn auch in diesem Falle würde die genannte Dialektik zum Zuge kommen, die keinen *freien Herrn* kennt.

Es muss statt dessen eine vor aller Erfahrung stattfindende Einsetzung des Christenmenschen in seine Freiheit als Herr geben. Woher kommt sie? Die hier gesuchte Instanz darf der menschlichen Selbstbestimmung nicht widersprechen. Sie muss von der Seele als dem Ort der Selbstbestimmung und der Bestimmung des Leibes angeeignet werden können, ohne dass eine erneute Abhängigkeit auftritt. Im platonischen Verständnis müsste man die gesuchte Instanz in der Welt der

Ideen erkennen, welche die Seele geschaut hat und die ihr die Unabhängigkeit von der Welt garantieren.

Nun verschärft Luther die These vom Christenmenschen als freiem Herrn über alle Dinge aber dahingehend, dass die Freiheit der Seele auch durch nichts Äußeres *verhindert* werden kann. Darin unterscheidet er sich gründlich vom platonischen Verständnis. So sehr nach Platon gilt, dass die Selbständigkeit der Seele nicht auf ihrem Verhältnis zur äußeren Welt aufgebaut ist, so sehr kann doch das Äußere die Freiheit der Seele durchaus stören, also ihre Selbständigkeit beeinträchtigen. Leiblich-weltliches Leben kommt schon deshalb als Einschränkung der Freiheit in Betracht, weil sich die Selbständigkeit der Seele gerade in der Beherrschung des Leibes auswirken muss. Die Äußerlichkeit ist daher gewissermaßen sekundär notwendig für die Konzeption der Seele. Das soll aber nach Luthers Aufstellung nicht gelten. Darum muss es einen anderen Grund der Freiheit geben, als er etwa in Platons Ideenlehre zu finden war.

Dass die Bestimmung der Seele weder im Positiven noch im Negativen von irgendetwas in der Welt abhängt, weder begründet noch beeinträchtigt werden kann – das ist eine weitreichende Einsicht, die man mit der durch Kant gebräuchlich gewordenen Sprache „transzendental" nennen kann. Damit sind die Haltungen und Einstellungen gemeint, die allen konkreten Erfahrungen vorausgesetzt sind, die aber gerade darum den Umgang mit den Erfahrungen prägen. Allerdings wird sich zeigen, dass die Bezugsgröße, die diese Vorordnung vor den Einzelerfahrungen ermöglicht, bei Kant und Luther unterschiedlich bestimmt ist.

§4 es hilft der Seele nicht, wenn der Leib heilige Kleider anlegt
An die Bestimmung der Seele reicht auch religiöses Verhalten

nicht heran – und zwar alles, was man darunter rechnen könnte: weder die Heiligkeit des Kirchenraums noch das durch Weihe geheiligte Priestertum, weder die als Bußleistungen verlangten Gebete noch das dem alltäglichen Leben abgerungene Fasten, weder gefährliche Pilgerfahrten noch die Menge guter, auf religiösem Vorsatz beruhender Werke. Das erscheint aufs erste nicht plausibel. Denn sollen nicht gerade die religiösen Einrichtungen und Betätigungen dazu beitragen, dass sich Menschen in dem Geflecht alltäglichen Handelns als eigenes Subjekt behaupten? Müsste nicht gerade die religiöse Praxis der Anfälligkeit der Seele gegenüber dem sie bedrängenden Äußeren zur Hilfe kommen?

Im Hintergrund dieser Rückfrage stecken zwei konzeptionelle Einsichten. Die erste und grundlegende verdankt sich der aristotelischen Philosophie. Aristoteles war nämlich, wie angedeutet, mit der strengen und vermittlungslosen Zweiteilung von Leib und Seele bei seinem Lehrer Platon nicht einverstanden. Wenn es im Menschenleben tatsächlich einen Zusammenhang gibt, dieses also eine gestaltete Form haben soll, dann kann diese Gestaltung nicht nur in der negativen Aufgabe bestehen, die Seele vom Leib rein zu halten; dann muss auch eine positive Bestimmung des Äußerlichen möglich sein – in dem Sinn, dass das Geistige das Materielle formt und bewegt. Dieses Modell, das ist der zweite Aspekt, hat die vorreformatorische Kirche aufgenommen und die göttliche Gnade in diesen Werdeprozess eingebunden. Religiös wirklich bewegen und verändern lässt sich die Seele des Menschen nach dieser Überzeugung nur, wenn die Absicht der Seele und die Wirksamkeit der Gnade zusammenarbeiten. Die Kirche ist der Ort, an dem göttliches Wohlwollen und menschliches Bemühen zusammengeführt werden. Darum kommt dem religiösen Verhalten, das von der Kirche angeleitet und gelenkt wird, eine bewegende und verändernde, die Freiheit Stück für Stück – freilich nie endgültig – realisierende Kraft zu. Ebendieses ganze philosophisch-theologische Modell unterwirft nun Luther der Kritik, wenn er eine Rückwirkung religiösen Handelns auf die Gestalt christlicher Freiheit für ausgeschlossen hält.

Sein Argument lässt sich nach unseren eben angestellten Überlegungen zur Struktur des Menschseins folgendermaßen rekonstruieren: Wenn das religiöse Handeln immer eine Folge der Bestimmung durch die Seele ist – also dem Schema menschlichen Handelns überhaupt folgt –, dann sind alle Handlungen so verfasst, wie die Seele bestimmt ist. Eine falsche oder auch nur unvollkommene Selbstbestimmung der Seele könnte durch nichts, was sie handelnd ins Werk setzt, rückwirkend verändert werden. *Es muss noch etwas ganz anderes sein, das der Seele Rechtsein und Freiheit bringt und gibt.* Weil die Begründung von Rechtsein und Freiheit überhaupt nicht über äußerliche Werke, also über Handlungen in der Welt, erfolgt, darum ist es aussichtslos, zwischen religiös-wertvollen und indifferent-profanen Handlungen unterscheiden zu wollen. Religiöser Wert ist keine Kategorie menschlichen Handelns.

Das zeigt sich auch am Resultat des Handelns. Denn die religiöse Sittlichkeit, die im frommen Handeln gepflegt werden soll, teilt mit den Konzepten der klassischen Zweiteilung des Menschen in Leib und Seele das Schicksal, niemals den vorausgesetzten Zwiespalt von Seele und Leib überwinden zu können, also niemals die gebotenen Werke vollständig zu verwirklichen. Ein solches Resultat ist aber für das Gottesverhältnis, wenn es vom Erfolg des Handelns abhängig gemacht wird, katastrophal: Nie kann man sich von Gott unbedingt anerkannt wissen. Für das Ungenügen religiösen Handelns

spricht ein weiteres, an die Erfahrung anknüpfendes Zusatz-
argument: Es wäre durchaus nicht auszuschließen, dass solche als religiös wertvoll angesehenen Handlungen ohne die
rechte innere Haltung, also ohne Glauben, vollbracht werden.
Dann wären sie der Musterfall von Heuchelei: äußerlich etwas tun, dem innerlich widersprochen wird. Deshalb darf
man sich, alles wohlüberlegt, der Verpflichtung zu einer spe-
zifisch religiösen Sittlichkeit nicht beugen. Freilich lässt Luthers negative Argumentation, dass nicht Äußeres die Seele
bestimmen könne, die Frage umso dringlicher werden, woher
denn die Freiheit der Seele, die in der Herrschaft über alle
Dinge besteht, bestimmt ist.

Zur Bedeutung des Wortes „fromm". Als Thema des ersten Teils der Freiheitsschrift sagt Luther vom geistlichen Menschen, es gehe darum, *zusehen was datzu gehoere / daz er eyn frum frey / Christen mensch sey und
heysse.* Fromm und frei – die beiden Adjektive tauchen häufig im Text
gemeinsam auf. Das Wort „fromm" bedeutet zu Luthers Zeit „tüchtig,
nützlich, gut, ordentlich, ehrbar", steht also nicht in einer religiösen Verwendung. In meiner Übersetzung habe ich mich darum dafür entschieden, es in der Regel mit „recht", manchmal auch mit „gerecht", wieder-
zugeben. Wenn wir die Doppelformel „fromm und frei" jetzt von unseren
Überlegungen her verstehen, dann bezeichnet „fromm" das Bestim-
mungsgemäße, Angemessene, bezieht sich also auf das Wesen des Menschen, wie er als Christenmensch im Verhältnis zu Gott steht; gemeint ist
seine Gerechtigkeit von Gott her. „Frei" dagegen ist stärker dem Weltver-
hältnis zuzuordnen, wobei der Grund der Freiheit im Gottesverhältnis zu
suchen ist. Die Übersetzung von „fromm" mit „recht" möchte beide
Sinnebenen, die weltliche und die geistliche, mitklingen lassen. Von der
Gerechtigkeit als Wesensgemäßheit her lässt sich gut nachvollziehen,
inwiefern das Wort „fromm", insbesondere durch Luthers Verwendung,
in einen religiösen Sprachgebrauch Eingang finden konnte – und seither
ganz dieser Sprachwelt, inzwischen sogar häufig mit negativem Unter-
ton, angehört. In diesem Kommentar verwende ich das Wort in einer
unserem Sprachgebrauch vertrauten neutralen Bedeutung für religiöse
Haltung und Praxis.

§ 5 im Wort Gottes leben

Es hat die Seele nichts anderes, weder im Himmel noch auf Er-
den, worin sie leben kann, recht, frei und Christ sein, als das
heilige Evangelium, das Wort Gottes von Christus gepredigt.
Leben, recht [*fromm*], frei und Christ sein – das ist ein einziger
Zusammenhang. Die Seele kann nicht isoliert bleiben, wenn
sie lebendig sein soll; sie muss im Verhältnis zu ihrer Bestimmung stehen, und diese muss sich in einem Handeln aus
Freiheit erweisen – nur dies alles zusammen macht das
Christsein aus. Für Christenmenschen ist es das Wort Gottes,
das die Funktion der Bestimmung der Seele einnimmt. Das ist
zunächst als eine These eingeführt. Wir bleiben in unserem
Kommentar erst einmal auf dieser Sprachebene der Behauptung und werden später sehen, wie dieser Anspruch in einem
Geschehen von Reden und Hören lebendig wird.

　　Wir nähern uns der Bedeutung von „Wort Gottes" an, indem wir uns auf die „Bestimmung durch das Wort" konzentrieren. Wir haben gesehen, dass für die Seele schon nach dem
Standardmodell des Leib-Seele-Verhältnisses Beziehungsfä-
higkeit, Bestimmungskraft und Bewusstsein zusammenge-
hören. Insofern funktioniert auch die Bestimmung des Leibes nicht anonym und von selbst, sondern ist nach dem
Modell des Gehorsams vorzustellen: Der Leib gehorcht der
Seele. Anders gesagt: Wir wissen, was unser Leib vollbringt,
wenn er unserem Willen folgt. Und die Seele weiß, dass sie
nur in Beziehung zum Leib wirksam werden kann. Wir wissen, was wir wollen, wenn unser Leib tätig wird. Die Seele
weiß überdies, dass sie sich selbst zu der Art und Weise, wie
diese Beziehung zu gestalten ist, bestimmen muss. Wir
wissen, dass alles Wollen auf einer eigenen Selbstbestimmung beruht. Alle drei Ebenen, die Selbstbestimmung, das
Bewusstsein des Wollens und die Ausführung des Willens,

lassen sich in Sprache fassen; sie sind durch den Gebrauch des Wortes bestimmt.

Was bedeutet es nun, dass das Wort Gottes die Seele bestimmt? Es kann es sich dabei nicht um eine Fremdbestimmung handeln; diese wäre von einer äußerlich-weltlichen Bestimmung nicht zu unterscheiden, sie stamme aus dem Himmel oder von der Erde. Es muss eine unbedingte Bestimmung zur Selbstbestimmung gemeint sein – und die muss als von Gott her geschehend gedacht werden. Sie ist nicht mit dem menschlichen Leben in seiner Leib-Seele-Differenz gegeben. Vielmehr, so muss man sagen, eröffnet das Wort Gottes der Seele eine neue Möglichkeit der Selbstbestimmung, sich nämlich durch Gott bestimmt zu wissen. Eine neue Möglichkeit löst eine alte Gegebenheit ab – das ist eine Befreiung, das ist gute Botschaft, Evangelium. Befreiend ist das Evangelium mithin dadurch, dass es eine neue Dimension in die Bestimmung zur Selbstbestimmung hineinbringt; eine, in der die Beziehung zu Gott so eröffnet wird, dass sie eigenaktiv wahrgenommen werden kann. Zum Evangelium wird das Wort Gottes allein durch die Predigt von Jesus Christus. Er ist es, der Gottes Verhältnis zum Menschen zu Wort bringt und damit definitiv werden lässt. Und zwar in dem doppelten Sinn, dass Jesus Christus selbst redet (*von Christus gepredigt* im Sinne eines *genitivus subjectivus*) und dass über Jesus Chris- tus gesprochen wird (also im Sinne eines *genitivus objectivus*). Luthers thetischem Verfahren folgend, suchen wir diesen Zusammenhang im Zeugnis der Bibel auf.

Hier sind diese beiden Seiten miteinander verbunden. Einmal geht es darum, dass Jesus in seinem Leben als Verkündiger des Reiches Gottes aufgetreten ist, zentral zusammengefasst in der Botschaft: *Das Reich Gottes ist nahe herbeigekommen. Tut Buße und glaubt an das Evangelium* (Mk 1,15).

Jesus ruft in einem umfassenden Verständnis zur Buße – weil die Einsicht in das eigene Unvermögen zum Guten die einzige Art und Weise ist, sich zu dem herankommenden Gottesreich zu verhalten. Wenn Gott kommt und alles menschliche Handeln offen vor seinen Augen liegt, dann ist klar: Die Menschen halten diesem Maßstab nicht stand. Doch diese kritische Forderung der Buße wird unter dem Vorzeichen laut, dass Gott kommt. Gottes Kommen aber besitzt einen durch und durch positiven Sinn. Das spricht definitiv die Verkündigung von Jesus Christus aus, wie sie nach seinem Tod laut wird: dass in Christus selbst das Reich Gottes wirklich da ist. In seinem Leben und durch seinen Tod hindurch wird die verlässliche, beständige Beziehung zu Gott begründet. Genau so ist das Wort Gottes Evangelium, frohe und lebenschaffende Botschaft. Wer Christus ist, ergibt sich aus seinem Reden und im Reden von ihm – und darin geschieht das Evangelium.

Den Bezug des Evangeliums auf das Leben machen die Worte Jesu stark, die Luther anfügt. Dabei steht der Satz Joh 11,25 an der Spitze, in dem Jesus sagt, dass er selbst das Leben und die Auferstehung ist (hier dreht Luther freilich die Reihenfolge um; das kann er darum tun, weil das hier gemeinte Leben immer schon das Leben von Gott her, also das Leben aus der Auferstehung, ist). Joh 14,6 stützt diesen Gedanken mit der abermaligen Ich-Aussage Jesu, dass er der Weg von Gott zum Menschen ist, auf dem Gottes Wahrheit lebenschaffend zum Menschen kommt. Zwei Ich-Aussagen Jesu, in denen deutlich wird, dass Jesus, der Verkündiger, für die Menschen das Leben vor Gott bestimmt: Jesus ist das Wort, das er spricht – und dieses Wort schafft Leben. Der dritte Satz, dass der Mensch nicht vom Brot allein, sondern von allen Worten aus dem Mund Gottes lebt (Mt 4,4), stammt aus der

Erzählung von Jesu Versuchung in der Wüste; damit lehnt es Jesus ab, sein Dasein nach irgendetwas anderem auszurichten als nach dem Wort Gottes. Er wählt – in Abwehr der Versuchung – das Wort Gottes als Bestimmung seines Lebens und ist aufgrund dessen derjenige, durch dessen Leben unser Leben bestimmt werden kann.

Fazit: Die Seele lebt aus dem Wort Gottes, in diesem Sinn verstanden, und zwar vollständig und umfassend. Mehr als die im Wort Gottes stattfindende Gottespräsenz braucht es nicht, und es kann auch keine Versuche geben, die Vollständigkeit der Bestimmung des Menschen durch Gottes Wort irgendwie ergänzen zu wollen. Das Wort Gottes ist die Instanz, die den spezifischen Bezug der Seele des Christenmenschen ausmacht – *vor* allem Handeln.

§ 6 an dir selbst verzweifeln ... aus dir selbst herauskommen Menschsein heißt, sein Leben verantworten. Diese Verantwortung vollzieht sich als Selbstbestimmung der Seele, die daraufhin den Leib zu leiten hat, wenn auch nie mit völliger Konsequenz und endgültigem Erfolg. Dass es das Wort Gottes ist, welches die Seele des Christenmenschen bestimmt, hatte Luther als Eigenart christlichen Lebens hervorgehoben. Damit kommt eine neue, nichtweltliche Bestimmungsgröße ins Spiel. Wie aber kann sich diese Bestimmung tatsächlich im endlichen Leben so vollziehen, dass sie nicht Fremdbestimmung wird, also unter die Kategorie einer versuchten äußeren Bestimmung des Menschen fällt? Darauf antworten die nun folgenden Paragraphen 6 und 7.

Was ist denn das Wort Gottes? Und wie soll ich es gebrauchen? Die Frage nach dem Wesen des Wortes Gottes und die Frage nach seinem Gebrauch, also dem Umgang mit ihm, gehören aufs Engste zusammen. Das ergibt sich aus der Predigt von Christus, wie sie das Evangelium enthält. Wir können hier an die früheren Überlegungen anknüpfen: Das Wort Gottes geschieht im Wort menschlicher Verkündigung, und das in zweifacher Hinsicht. Einmal geht die Predigt auf Christus zurück, also auf das Wort Jesu als eines Menschen, gerichtet an andere Menschen. Sodann aber ist ebendieses menschlich-historische Wort Evangelium, frohe, neue Botschaft voll unbedingtem Gehalt, nämlich in der Verkündigung von Jesus Christus. Immer geht es um das Wort. Das Geschehen des Wortes Gottes findet im Raum menschlicher Sprache statt, in den Funktionen von Anrede und Antwort. Damit wirkt es ganz und gar nicht auf eine übernatürliche Weise, sondern nach den Regeln, die der Sprache selbst innewohnen. Hören und Verstehen sind die Vollzugsformen des Wortes Gottes. Wenn es darin zur Begegnung mit einem unbedingten Gegenüber kommt, dann muss sich das auch am Ort menschlichen Verstehens bemerkbar machen. Das Wesen des Wortes Gottes erweist sich in seiner Wirkung am Menschen.

Wenn Luther formuliert, *dass du deinen Gott zu dir reden hörst*, dann knüpft er konsequent Gottes Reden ans menschliche Hören. Folgende Situation ist dabei vorausgesetzt: Es wird die Verkündigung des Evangeliums laut; das, was immer in der Kirche geschieht. Dadurch gibt es bereits eine Verbindung mit Gott, jedenfalls in dem Maße, wie sie ausgesprochen wird. Das rechtfertigt, von *deinem Gott* zu sprechen. Nun kann es geschehen, dass das Wort des Evangeliums direkt trifft, dass also ein Mensch auf den Grund seiner Selbstbestimmung hin angeredet wird – dann kommt das Wort als *Gottes* Wort an. Das heißt: Man darf also hier nicht ein fiktives Redesubjekt annehmen – dass da *dein Gott* redet, muss sich aus dem ergeben, was *gehört* wird. Und so ist es auch. Wenn sich ein Mensch von einer Position außerhalb der ihm selbst vertrauten Leib-Seele-Differenz unbedingt angeredet hört auf die Bestimmung seiner Seele hin, dann tritt ein eigentümlicher Effekt ein. Es wird in diesem Moment klar, dass die Selbstbestimmung der Seele, so sehr sie nach ihrem eigenen Wesen strebt, doch eingebunden bleibt in das Leib-Seele-Verhältnis und aus ihm nicht herauskommt.

Damit ist aber offenkundig, dass die Bestimmungsmacht der Seele begrenzt ist; nie wird sie ihre Aufgabe uneingeschränkt erfüllen können. Das liegt aber nicht an irgendeiner Schwäche des Menschen, sondern an der tatsächlichen Verfassung seiner Existenz. Denn es kommt durch die Anfrage an die Bestimmung der Seele ihr spezifischer Status heraus. Sie muss den Leib bestimmen, indem sich sie einerseits von ihm abgrenzt, andererseits auf ihn bezieht. Die Abgrenzung erfolgt, wie wir gesehen haben, im Modus der Selbstbeziehung der Seele. Diese unmittelbare Selbstbeziehung muss sich als Gegenüber zum Leib stabilisieren. Das kann sie nur, indem sie ihrer eigenen Selbsterhaltung verpflichtet ist. Das Selbst, das sich hier erhalten muss, ist aber an sich selbst leer, eben nur unmittelbar auf sich selbst bezogen. Daher bedarf gerade die Unmittelbarkeit der Selbstbeziehung der Seele der Aneignung der Äußerlichkeit der Welt, um sich zu erhalten und zu stärken. Genau damit aber zieht eine extreme Abhängigkeit in die Seele ein: Sie ist andauernd und ausschließlich mit dem Versuch beschäftigt, Elemente der Welt als Momente des eigenen Daseins anzueignen. Sie ist ständig unter dem Druck, Weltliches zu rezipieren. Damit wird sie einmal von dieser, einmal von jener Gegebenheit abhängig. Es ist diese Struktur – die Selbständigkeit der Seele als unmittelbare Selbstbeziehung, welche sich darstellt als Zwang zur Aneignung der Welt, der nie zu einem Ende kommt –, die den Menschen als „alten Menschen" kennzeichnet.

Dieses Bewusstsein, „alter Mensch" zu sein, begründet die Erkenntnis, *wie sehr all dein Leben und alle deine Taten nichts vor Gott gelten.* Dabei kommt es, wie wir sahen, nicht darauf an, ob ein Mensch mehr oder weniger moralisch gut handelt – der Schaden liegt in der ganzen Struktur der Existenz, nämlich für die eigene Selbstbestimmung auf einen bloßen Selbstbezug beschränkt zu sein, weil eine Bestimmungsgröße fehlt, die dem Leib-Seele-Verhältnis entnommen wäre.

Dass auf diese Weise in der Anrede des Evangeliums Gott zur Sprache kommt, hat zur Folge, dass die grundsätzliche Beschaffenheit des Menschen deutlich wird, nämlich deshalb nicht aus eigener Kraft zur Verwirklichung seines Wesens kommen zu können, weil die Voraussetzung falsch bestimmt ist. Die unbedingte Anrede von Gott her zeigt auf, dass der Bestimmung der Seele durch die Ideen (oder durch die Vernunft) eine unmittelbare Selbstbeziehung zugrunde liegt, die de facto eine Abhängigkeit darstellt von dem, was gewählt wird. Was wir soeben „sekundäre Abhängigkeit" nannten, wird nun zum prinzipiellen Einwand.

Ist diese Struktur aber einmal aufgedeckt, dann kann man ihrer Feststellung nicht mehr widersprechen. Darum wird der Mensch, der zu dieser Einsicht verpflichtet ist, *an sich selbst verzweifeln.* Damit ist nicht eine zerknirschte Haltung oder eine depressive Stimmung gemeint, sondern die harte Einsicht in die unaufhebbare Zweigestaltigkeit des Menschenwesens. Ver-zwei-feln heißt also im Wortsinn: an der eigenen Gespaltenheit, der Zwie-fältigkeit von Leib und Seele, scheitern. Dieses Resultat ergibt sich bereits aus der Tatsache, dass der Mensch *von Gott,* also unbedingt angeredet wird, mithin von einer Instanz, die nicht der Leib-Seele-Differenz unterlegen ist. Das ist gemeint, wenn man manchmal sagen hört, eine solche Anrede erfolge „von außen". Es kann damit natürlich nicht ein Jenseits der Welt gemeint sein, das als solches selbst noch Teil der Welt wäre (so wie Himmel und Erde zum Kosmos gehören). Die Verzweiflung ist kein psychisches Phänomen, sondern eine vernünftige Erkenntnis. Das Zitat aus dem Propheten Hosea (Hos 13,9) deutet freilich schon an, dass die göttliche Anrede, die diese ernüchternd-verzweifelte Folge zeitigt, damit noch nicht ihren Sinn vollendet hat.

Ganz offensichtlich ist aber diese verzweifelte Einsicht – als eigene Einsicht – erforderlich, um den darüber hinausgehenden Sinn des Wortes Gottes zu verstehen. Denn diese Einsicht ist es, die das eigene Selbstsein mit dem eigenen Verderben verkettet. Erst damit wird das Verständnis dafür frei, dass die Seele durch etwas anderes bestimmt werden sollte, ja bestimmt werden muss. Die erste Anrede des Menschen durch das Wort Gottes sprengt sozusagen das Drehen um sich selbst auf, in dem sich die humane Selbstbestimmung bewegt. Er öffnet sich damit für eine andere Wahrnehmung. Nämlich:

Gott stellt *seinen lieben Sohn Jesus Christus vor dich hin und lässt dir durch sein lebendiges, tröstliches Wort sagen: Du sollst dich ihm mit festem Glauben überlassen und frisch auf ihn vertrauen.* Wieder geht es um eine Anrede, die sich auf die Seele, das selbstbewusste Steuerungszentrum im Menschen, bezieht. Und abermals um eine Anrede, die auf einen historischen Menschen zurück- und von ihm ausgeht, Jesus Christus. Eigentlich kommt es nur darauf an, sich weiter anreden zu lassen, nun aber in einer besonderen Situation, nämlich dem Verlust der eigenen Selbstsicherheit. Wem kann man da vertrauen? Wem sich überlassen? Eigentlich kann man sich nur dem überlassen, dem man alles Gute zutraut, von dem man nichts als Gutes erwartet. Genau und nur das heißt: glauben. Sich Christus überlassen mit festem Glauben, das heißt also: in der Situation der Gebrochenheit des eigenen Selbstverständnisses letzten Halt suchen. Den kann es nur bei dem geben, der auch für das Wort zuständig war, das diesen Bruch im Selbstbewusstsein heraufgeführt hat. Das vermag aber allein der, der selbst im Namen des Unbedingten auftritt, also Gott mir gegenüber kritisch ins Spiel bringt. Wer auf diese Weise unbedingte Kritik an mir geltend gemacht hat, nur von dem allein kann man erwarten, unbedingt bejaht zu werden. Darum tritt an die Stelle der Verzweiflung ein frisches Vertrauen. Ebendas zeichnet den Christenmenschen als „neuen Menschen" aus. Er lebt aus der Beziehung zu Gott, die ihm dadurch eröffnet wird, dass Christus selbst in die Selbstbeziehung der Seele eintritt, diese aufsprengt und auf Gott hin öffnet.

Glauben und Vertrauen: Luther fasst an dieser Stelle bereits den ganzen Ertrag der Befreiungsgeschichte des Menschen vorgreifend zusammen. *So sollen dir um dieses Glaubens willen alle deine Sünden vergeben, so soll all dein Verderben überwunden sein, und du sollst gerecht, wahrhaftig, befriedet, recht sein; alle Gebote sollen erfüllt und du sollst von allen Dingen frei sein.* Das lässt sich nun ganz einfach verstehen. Wenn Christus als Bezug der Selbstbestimmung der Seele in Anspruch genommen wird – in der Verbindung von Sich-Überlassen und festem Glauben –, dann zählen alle Handlungen, die zuvor auf der Basis der unmittelbaren Selbstbestimmung vollzogen wurden, nicht mehr für die Bewertung der Existenz des Handelnden; damit wird auch das Verderben überwunden, in das sich der Mensch ohne Glauben aus strukturellen Gründen immer wieder hineinstürzt. Das heißt aber umgekehrt: Der Mensch im Glauben, also in der Lebenseinheit mit Christus, wird als gerecht angesehen, er muss nicht mehr gerecht werden, sein Wesen erst noch erfüllen. Denn er hat teil an der Wahrheit, die ihn wahrhaftig macht. Aus dem Zwiespalt seines Wesens ist er in den Zustand des Friedens übergegangen, kurzum: Er ist recht, gerecht, *fromm* vor Gott – also so, wie er nach Gottes Willen sein soll. Er erfüllt die Gebote – und ist frei von allen Dingen, von denen sich seine Selbstbestimmung nun nicht mehr abhängig macht und die sie zu verderben drohen. Der Glaube ist die *eine* christliche Lebensform, die das *ganze* christliche Leben bestimmt.

Das unterstreichen die beiden biblischen Sätze, die diesen Überlegungsgang abschließen, Röm 1,17 und Röm 10,4. *Der Gerechtfertige lebt im Glauben,* heißt der Spitzensatz des Paulus in Röm 1. Wir sehen hier, dass der Glaube in der Tat ein Lebensakt ist, der darin besteht, sich Christus zu überlassen, ihn als Grund des eigenen Selbstbewusstseins anzunehmen. Denn, und das sagt Röm 10,4, Christus ist von Gott her die Vollendung dessen, was dem Menschen bestimmt ist, indem der Sinn der Gebote in ihm erfüllt ist, nämlich ein beständiges Leben in der Beziehung zu Gott. *Unter das Gesetz getan,* hieß es von Christus mit Gal 4,4 in § 1. Hier zeigt sich, wie das gemeint ist: dass Christus „unter dem Gesetz" beständig an dem Willen des Vaters festhält. Damit wird die Voraussetzung benannt, aufgrund derer sich ein Mensch im Glauben auf Jesus Christus verlassen kann. Indem er sich an Christus hält, ihm vertraut und glaubt, findet er sich mit Gott selbst verbunden.

§ 7 *die einzige Übung aller Christen, dass sie solchen Glauben stetig üben und stärken*

Glauben und Vertrauen: Luthers kleines, aber bedeutendes Fazit am Ende von § 6 veranlasst ihn zu einem Atemholen in der Argumentation und erlaubt ihm im Anschluss an Röm 10,4 zwei Unterstreichungen. Die erste lautet: Der Glaube ist das einzig wahre Werk. Für protestantische Ohren klingt dieser Satz befremdlich. Ist nicht Glaube gerade der Gegensatz zum Werk? Und wenn Luther so formuliert, gibt er dann nicht der katholischen Kritik Recht, die schon immer meinte, auch der Glaube müsse als gutes Werk angesehen werden?

Ja, der Glaube ist als „Werk" zu bezeichnen, weil er in der Tätigkeit besteht, Christus als Bestimmungsgrund des eigenen Seins anzunehmen. Wir hatten ja gesehen, dass Christus die Unmittelbarkeit der eigenen Selbstbeziehung unterbricht und die Stelle des Gegenübers im Selbstbewusstsein einnimmt, welches diese Selbstbeziehung überhaupt erst ermöglicht. Nun ist das Selbstbewusstsein aber immer aktiv, insofern ist das „neue", durch Christus bestimmte Selbstbewusstsein auch als Selbsttätigkeit zu bezeichnen. Das ist der Grund dafür, dass auch hier der Imperativ gebraucht werden kann: Glaube! Darum: Ja, ein „Werk". Aber darum eben: kein „gutes Werk". Denn es gehört nicht in die Reihe der Handlungen, die ein Subjekt im Verhältnis zur äußeren Welt vollzieht, um darin seine Bestätigung zu finden oder den Aufbau seiner selbst zu vollziehen. Der Glaube ist kein Handeln im Sinne einer vollbringenden Tätigkeit, sondern als Selbstvollzug ganz auf das Subjekt allen Tätigseins bezogen.

Die zweite Unterstreichung, die sich aus der ersten ergibt, lautet: Der Glaube gibt alles im Überfluss. Denn wenn das Verhältnis zu Gott im Glauben gegründet ist und fest besteht, dann enthält dieser Glaube alles, was dem Menschen nötig ist. Insbesondere kann der Geltung des Glaubens durch gute Werke, also durch religiöses Handeln in der Absicht der weiteren Auferbauung des Subjekts vor Gott, nichts hinzugefügt werden. Dieser Aspekt des Überflusses ist konstant mit dem Glauben verbunden; schon in § 5 war von Überschwang die Rede.

Die beiden Unterstreichungen fügt Luther in Gestalt von Worten der Bibel ein. Man muss sagen, dass sie ihr hier gemeintes Profil erst durch die Verwendung im gegebenen Zusammenhang der Argumentation gewinnen. Die Assoziationskette reicht vom Glauben als gottgefälligem Werk (Joh 6, 28 f.) über den Gewinn der Seligkeit, also des ausreichenden und umfassenden Gottesverhältnisses, in Taufe und Glaube (Mk 16,16) und ein etwas rätselhaftes Wort über den endzeitlichen Überfluss der Gerechtigkeit (Jes 10,22) zurück zu Paulus, an den die Kette von Schriftworten anschloss: Dass man von Herzen glaubt, das macht einen Menschen gerecht, vor Gott richtig, also *fromm* (Röm 10,10).

§ 8–9 die ganze Heilige Schrift in zweierlei Worte aufgeteilt

Es ist ein Einwand gegen die bisherige Argumentation Luthers, der ihm Anlass zu einer weiteren Präzisierung und einer breiteren Begründung seiner These gibt. Im Sinne einer Präzisierung kann Luther zeigen, dass die beiden Anredeformen in der Verkündigung Jesu, die Forderung der Buße und die Proklamation des Evangeliums, ganz genau auf der anthropologischen Grundeinsicht des Angesprochenwerdens beruhen. Und verbreitert wird seine These dadurch, dass die Verkündigung Jesu als das Konzentrat der elementaren biblischen Redeformen gilt. Man kann also sagen: Es kommt ans Licht, dass das Evangelium, wie es im Rahmen der gesamten Bibel laut wird, tatsächlich das menschliche Wesen insgesamt erfüllt. Die Freiheit eines Christenmenschen im Glauben ist der Maßstab für den Begriff der Freiheit überhaupt.

Der Einwand, der zu Beginn des § 8 vorgebracht wird, verdankt sich dem eingespielten Modus menschlichen Verhaltens angesichts der Forderung des Guten, der auch auf den Umgang mit den Geboten der Bibel ausgedehnt wird. Dieser

Einwand besteht darauf, dass das Gebotene auch getan werden muss. Das ist eine richtige Einsicht; sie unterschlägt jedoch ihre eigene Voraussetzung. Denn im Gebot oder in der Forderung liegen zwei Aspekte miteinander verbunden vor. Einmal und an erster Stelle ist die Forderung Ausdruck einer (sprachlich geäußerten) Beziehung. Jemand will etwas von mir – und will damit, dass ich das will, was von mir gewollt wird. Indem also ein Subjekt einer Forderung begegnet, steht es vor der Frage, ob das von ihm Verlangte auch Resultat eigenen Wollens sein kann. Es geht mit anderen Worten um die Koordination von Selbst- und Fremdbestimmung. Man kann sogar sagen, dass es die Begegnung mit einer Forderung ist, die im angesprochenen Menschen erst die Frage nach seiner eigenen Selbstbestimmung weckt: ob er will, was er soll.

Von diesem kommunikativ-intersubjektiven Geschehen ist die objektiv-zielbestimmte Ausrichtung des Sollens zu unterscheiden, der gemäß etwas getan werden soll. Es liegt nun auf der Hand, dass diese beiden Ebenen, die subjektbezogene und die objektiv ausgerichtete, nicht von gleichem Gewicht sind. Vielmehr überwiegt die Bedeutung der intersubjektiven Seite des Ansprechens und Angesprochenwerdens. Denn hinter jeder Vorgabe einer Tat als Resultat eines subjektiven Handelns steht die Vorstellung von etwas Gutem, das ein solches Gutes sein muss, dem potentiell alle Subjekte zuzustimmen vermögen. Darum besitzt die Forderung einen verbindlicheren Charakter als das Geforderte. Sie gilt auf alle Fälle, auch wenn das Geforderte nicht getan wurde. Nun zeigt die Erfahrung, dass in der Tat vieles von dem, was gefordert wird (und mit guten Gründen gefordert werden kann), nicht verwirklicht wird. Wir haben dieses Problem bereits an der unvollkommenen Koordination des Leibes mit den Imperativen der Seele, also den Bestimmungsmomenten des Handelns, erörtert.

In seiner Antwort auf den Einwand, dass das in der Heiligen Schrift Geforderte doch auch getan werden müsse, die Bibel also wie ein Gesetzbuch zu verstehen sei, nimmt Luther die Tatsache der Nicht-Realisierung des Guten als Ausgangspunkt an, wendet sie aber ins Prinzipielle. Damit verschärft er auch hier die herkömmliche Leib-Seele-Differenz zum Gegensatz von altem und neuem Menschen. Denn er sieht hinter dem Unvermögen zum Guten nicht eine mangelnde Verwirklichungskraft, der irgendwie aufgeholfen werden könnte, sondern eine fehlende oder falsche Bestimmung der Seele. Eben auf diesen Sachverhalt findet er die Gebote der Bibel eingestellt; und dieser ist grundlegend. Man kann sich das gut an der Stellung des Ersten Gebots in den Zehn Geboten klarmachen: Zuerst geht es darum, das Verhältnis zu Gott wahrzunehmen und Gott anzuerkennen – bevor die konkreten Gebote folgen. Genau dies scheint der hier vorgebrachte Einwand entweder zu übersehen oder fälschlich als selbstverständlich vorauszusetzen, wenn er unterstellt, dass die Orientierung des Willens grundsätzlich in Ordnung sei und dass man allein eines zusätzlichen Beistands Gottes bedürfe, um das Geforderte auch zu vollbringen. Doch damit wird Gottes Handeln in das Schema menschlichen Sollens und Vollbringens eingebaut; dass Gott der ursprünglich Anredende und Fordernde ist und dass diese Anrede den Menschen unbedingt verpflichtet, wird dabei der Notwendigkeit, das Gesollte zu verwirklichen, untergeordnet.

Doch es bleibt nicht allein bei dieser Entgegnung, die sich auf die Struktur von ansprechender Forderung und auszuübender Handlung bezieht. Luther kann zusätzlich auf das geradezu klassische Beispiel verweisen, an dem der Vorrang der inneren Bestimmtheit vor dem Tun des Geforderten einsichtig wird: das Begehren. Das Begehren erweist sich als Zentrum des Unwillens und damit der Unfähigkeit zum Guten. Warum? Jedem Menschen ist das Phänomen des Begehrens vertraut; es gäbe das ganze Menschengeschlecht nicht ohne diesen Trieb, zu begehren. Begehren ist im ersten und äußeren Sinn das Bestreben, sich etwas oder jemanden anzueignen oder einzuverleiben. Dieses unmittelbare Verhältnis zu etwas Äußerem geht aber zurück auf das innere Verhältnis der unmittelbaren Selbstbeziehung der Seele. Im Begehren äußert sich die Kraft des ungebrochenen Selbstverhältnisses, das sich in der Ausübung des Wollens selbst zu ergreifen verlangt. Allerdings ist das Begehren sogar davon unabhängig, ob das Begehrte erlangt wird oder nicht; es erwächst immer wieder aufs Neue aus dem Sachverhalt, dass die unmittelbare Selbstbeziehung stets nach Objektivem sucht, an das sie sie sich hängt. Wenn das Gebot sagt: Du sollst nicht begehren!, dann wird damit die innere Verfassung der Selbstbeziehung angesprochen, die sich nur im Begehren von Äußerem zur Darstellung bringt. Es geht dabei nicht um ein äußeres Unterlassen, ein Ablassen vom Begehren dieser oder jener Sache, dieses oder jenes Menschen, sondern um die im Begehren sich äußernde unmittelbare Innerlichkeit der Seele. Das Phänomen des Begehrens lässt sich gar nicht unterdrücken – insofern ist die Anrede des Menschen auf diese Verfasstheit seiner selbst die Aufdeckung des Grundes all seiner Verfehlungen.

Auf diese innere Struktur verweisen nach Luther die Gebote der Bibel. Weil sie als Gebote von Gott kommen, stehen der Gebieter und das Verhältnis zu ihm im Zentrum, nicht das Gebotene und seine Verwirklichung. Wenn diese Gebote ausgesprochen werden, dann bringen sie ebenden Grund der Unfähigkeit zum Guten ans Licht – aber auch nicht mehr. *Darum heißen sie auch Altes Testament und gehören alle ins Alte Testament.* Diesen Ausdruck Luthers muss man sehr genau verstehen. Denn mit „Altem Testament" ist nicht das Korpus der Schriften gemeint, die wir heute „Hebräische Bibel" nennen. Schon darum nicht, weil das Alte Testament auch anderes enthält als nur Gebote. Vielmehr handelt es sich in Luthers Rede an dieser Stelle um eine qualitative Kennzeichnung. In ihr wird einmal daran festgehalten, dass das Alte Testament als „Testament" Ausdruck des Bundes Gottes mit Israel und darüber hinaus mit allen Menschen ist; „alt" ist es, weil es auf die Differenz von Gebot und innerem Zustand des Menschen hinweist und kein Mittel bereitstellt, diesen Zwiespalt zu überwinden. Dass es sich um einen qualitativen Begriff handelt, geht auch daraus hervor, dass alle Gebote, wo immer literarisch sie zu finden sind, *ins Alte Testament* gehören – das spricht sich am deutlichsten gerade am Beispiel des Begehrens aus. Denn Paulus hat das Verbot des Begehrens, von dem in den Zehn Geboten fast beiläufig oder nachgängig die Rede ist (Ex 20,17), zum Grundsatz für die Wirksamkeit der Sünde überhaupt gemacht (Röm 7,7); daher gehört auch diese paulinische Formulierung „ins Alte Testament".

Das ist die eine elementare Art der Redeweisen in der Bibel: dass Gott die Beziehung zum Menschen aufnimmt („Testament"), aus der die Forderung erwächst, sich von ihm her in der Welt zu betätigen. Eben diese Anrede als Forderung aber bringt ans Licht, dass der Mensch seine Bestimmung durch Gott nicht realisiert, sondern, statt der Anrede zu antworten, in einer unmittelbaren Selbstbeziehung verharrt, in deren Konsequenz er allerlei in der Welt begehrt, ohne dass er damit sein Begehren stillen könnte, geschweige denn Gottes Forderung entsprechen würde.

Wenn Luther nun in § 9 auf das „Neue Testament" zugeht, dann so, dass er an die Anrede Gottes an den Menschen, wie wir sie bisher kennengelernt haben, anknüpft. Das Gebot gilt und muss in der Tat erfüllt werden; die Aufdeckung des inneren Zustandes der Entzweiung verhindert dies allerdings. Nur wenn man an dieser negativen, den Menschen demütig machenden Erkenntnis festhält, ergibt sich das Verständnis für die andere Redeweise, nämlich die Verheißung oder Zusage.

Rekonstruieren wir diesen Fall in Analogie zu unseren gerade angestellten Überlegungen. Der gegenüber Luther vorgebrachte Einwand würde so argumentieren: Gerade weil es die Differenz zwischen Sollen und Tun gibt, muss man die Verheißung des Evangeliums auf die Vollendung der Taten beziehen. Gott gibt seinen Geist – durch die Sakramente der Kirche – zu dem Zweck, das Gesollte vollbringen zu können. Das kommt mit dem Vorstellungszusammenhang überein, den wir oben in § 4 vorausgesetzt fanden. Dagegen bezieht sich Luthers Argumentation abermals auf das personale Verhältnis, das der Anrede auch da eingeschrieben ist, wo sie als Forderung laut wird. Wenn der Mangel des Guten aus der inneren Haltung hervorging, dann ist es dieser Mangel, der behoben werden muss. Das geschieht dadurch, dass sich die Macht der Anrede, die eine Beziehung aufbaut, als kräftiger erweist als die eingeschlossene Forderung. Das aus der Anrede erwachsende Verhältnis bleibt von Anfang bis Ende bestehen – das wird zugesagt und verheißen, also versprochen. Und das geschieht so, dass das unmittelbare Selbstverhältnis unterbrochen wird, damit es durch das Verhältnis zu Christus ersetzt werden kann, nämlich durch den Glauben. Dann aber ergeben sich die Konsequenzen im Handeln in der Tat von selbst: Wer durch Christus mit Gott einig ist, der tut auch, was Gott will, und zwar selbständig und spontan. *Daher geben die Zusagen Gottes, was die Gebote fordern, und vollbringen, was die Gebote befehlen, damit alles bei Gott steht, Gebot und Erfüllung.*

Darum sind die Zusagen Gottes Worte des Neuen Testaments und gehören auch ins Neue Testament. Die Überlegungen zum funktionalen Verständnis des Alten Testaments lassen sich hier analog auf das Neue Testament anwenden. Gemeinsam ist beiden, dass sie Testament sind, verbindliches, letztgültiges Wort Gottes. Während das Alte Testament auf die Unvollendbarkeit des Gebotenen aus eigener menschlichen Kraft hinweist, sofern diese aus der inneren unmittelbaren Selbstbeziehung erwächst, zielen die Worte des Neuen Testaments auf die Einigkeit mit Gott im Glauben, also auf die Übereinstimmung von Gottes Willen und unserem Willen. Daraus folgt dann aber, dass Gottes Wille zur Kraft unserer Taten wird: *was dir unmöglich ist durch alle Werke der Gebote, ... das wird dir leicht und geschieht rasch durch den Glauben.* Es lässt sich erkennen, dass der wesentliche Unterschied zwischen Altem und Neuem Testament in dem Wort Christi besteht, das uns den Glauben abgewinnt. Daher können aber auch Zusagen Gottes, die sich im literarischen Korpus des Alten Testaments finden, Worte des Neuen Testaments sein.

Die Präzisierung, die Luther aus der Debatte des Einwandes gegen die hinreichende Funktion des Glaubens gewinnt, hat zwei Seiten. Einmal gilt, dass es die Predigt Christi selbst ist, die die Einheit der Bibel als Wort Gottes ausmacht. *Das Reich Gottes ist nahe herbeigekommen. Tut Buße und glaubt an das Evangelium* – das Wort aus Mk 1,15 war bereits oben unser Leitfaden. Das Reich Gottes bringt, erstens, den göttlichen Willen zur Durchsetzung. An seinem Maßstab scheitert das menschliche Handeln, das von der unmittelbaren Selbstbeziehung ausgeht. Darum: Tut Buße, kehrt um, verlasst euer altes Leben. Das Kommen des Reiches Gottes ist aber, zweitens, das Evangelium, weil sich die von Gott gestiftete Beziehung zum Menschen als grundlegend und dauerhaft erweist, auch über ihre Verleugnung durch die unmittelbare Selbstbeziehung des Menschen hinaus. Das ist die erste Präzisierung.

Die zweite besagt: Alle Redeformen der Bibel sind auf diese Zweipoligkeit von Gebot und Verheißung, von Gesetz und Zusage hin zu beziehen. Denn in diesen beiden Redeformen wird einerseits das Ansprechen des Menschen in Verbindung mit der göttlichen Forderung laut – ebenso wie andererseits die Selbst-Durchsetzung dieser göttlichen Anrede gegen das Nicht-Annehmen durch den Menschen. Alle anderen Redeformen, die es in der Bibel auch gibt, sind auf diese Momente der Konstitution des Gottesverhältnisses zu beziehen. Dann und darum wird es aber auch möglich, jeden Text des Alten Testaments so zu predigen, dass er auf die Christus-Geschichte hin verstanden werden kann.

Mit den beiden Zuspitzungen untermauert Luther, dass seine These von der Freiheit im Glauben auf biblischem Grund ruht – und er lässt zugleich erkennen, wie sich die hermeneutische Strategie aufbaut, diesen Grund zu erkennen. Die vielfach verwendete, auch von Luther selbst immer wieder traktierte Unterscheidung von „Gesetz und Evangelium" stellt sich nach den Argumentationen seit § 6 keineswegs als ursprünglich dar. Ihr vorausgesetzt ist vielmehr der Gedanke der Einheit des Wortes Gottes in der Verkündigung Christi. Es ist das von Christus geäußerte Wort, seine Anrede an die Menschen, die sich sowohl kritisch, auf die Unvollendbarkeit des Gehorsams, als auch konstruktiv, auf die Vollendung der Gottesbeziehung im Glaubens hin, auswirkt. Sie ruft zur Buße und fordert auf zum Glauben. Das Kommen Christi ist die Voraussetzung seines Wortes. Sein Wort ist die Weise seiner

Präsenz bei uns, die wir es hören. Diese Konzentration auf das Wort Christi als Wort Gottes besitzt, wie wir sehen werden, Konsequenzen für die Struktur des Glauben und des christlichen Lebens.

§ 10 wer Gottes Wort mit einem rechten Glauben anhängt ... dessen Seele wird mit diesem Wort vereinigt

§ 10 formuliert seit § 3 das Ergebnis des Argumentationsgangs – einmal bezogen auf das Verhältnis des Glaubens zum Wort Gottes, sodann bezogen auf das Verhältnis von Glaube und Werk.

Alle Worte Gottes – die Gebote und die Zusagen – sind *heilig, wahrhaftig, gerecht, friedfertig, frei und voll aller Güte.* Das ist der Ausgangspunkt. Sie haben sich als solche erwiesen, weil sie so beim Menschen angekommen sind. Wieder können wir ein Sinngefälle in Luthers Reihung erkennen. Heilig ist das, was jenseitig, abgegrenzt, verborgen, eben: nicht profan, ist. Alles, was von Gott kommt, kommt aus diesem Raum der Heiligkeit, der uns in unserer Leib-Seele-Differenz unverfügbar ist. Weil Gottes Worte tun, was sie sagen, sind sie wahrhaftig. Wie sie tun, was sie sagen, fasst sich im Begriff Gerechtigkeit zusammen. Denn sie machen den gerecht, der sie hört, machen den Menschen also zu dem, was er seinem Wesen nach sein soll. Damit kehrt Friede ein zwischen Gott und den Menschen, darin begründet sich die Freiheit des Menschen gegenüber der Welt. Insofern kann man abermals, wie schon in § 5, sagen, dass sich alles Gute im Wort Gottes vollendet.

Wer dem Wort Gottes glaubt, dessen Seele wird mit ihm vereinigt. Das ist ein Spitzensatz in Luthers Ausführungen, der uns noch mehrfach begegnen wird und eine besonders sorgfältige Auslegung erfordert. Wir können die hier verwendete Formulierung aufgrund unserer früheren Überlegungen so verstehen: Wenn die Beziehung zu Christus im Glauben an die Stelle der unmittelbaren Selbstbeziehung tritt, dann wird das Wort Gottes ein Kennzeichen des Daseins des Menschen. Es gibt für den Christenmenschen kein wahres, wesentliches Leben, das nicht dadurch gekennzeichnet ist, dass Christus sein wahres, die eigene Existenz begründendes Gegenüber ist. Der Christenmensch wird zu dem, was er ist, nur durch die Beziehung zu Christus, der ihm nähersteht als er sich selbst. Dadurch ist der Sinn des christlichen Lebens ganz und gar durch Christus bestimmt, und genau insofern wird die Seele mit dem Wort Gottes vereinigt. Und zwar so, dass die in der Einheit mit dem Wort Gottes lebende Seele das ganze menschliche Leben bestimmt. Gott ist in seinem Wort nicht nur einfach „da", sondern so gegenwärtig, dass er das menschliche Leben auch durchgreifend und umfassend bestimmt.

Luther und die Mystik. Schon lange hat man beobachtet, dass Luther mit seinen Aussagen zur Einheit mit Christus oder dem Wort Gottes, ja zur Einigkeit mit Gott, in größter Nähe zu mystischen Konzeptionen steht, vor allem, wie sie im Umfeld Johannes Taulers und der Theologia Deutsch vertreten wurden. Dafür gibt es biographische und literarische Indizien. Gleichwohl markiert Luthers Einheitsgedanke einen eigenen Typus der Mystik. Das zeigt sich an zwei Merkmalen. Einerseits zielt die „klassische" Mystik auf ein Auslöschen des Ich im Moment seiner Vereinigung mit Gott, so dass Gott und Ich eins werden. Dieses Element wird bei Luther darauf beschränkt, dass Christus die Selbstbezogenheit der Seele aufbricht und als bestimmende Größe ins Selbstbewusstsein eintritt. Damit verbindet sich die zweite Differenz: Das Verhältnis Christi zur Seele ist und bleibt über das Wort vermittelt. Daher muss stets mit einem Verstehen seitens des Ich gerechnet werden; das mystische Verhältnis im Sinne Luthers baut sich nicht über das Verstummen auf, sondern findet in der unmittelbaren Wirkung des Wortes seinen Anker.

Dadurch kommt es zu einer Übertragung der Eigenschaften des Wortes auf die Seele; sie wird *heilig, gerecht, wahrhaftig, friedfertig, frei und aller Güte voll.* Das sind in der Tat dieselben Prädikate, die auch für das Wort Gottes galten; sie werden wie durch ein Brennglas in die Seele projiziert. Mit einem Unterschied: Ihre Wahrhaftigkeit ist Folge ihrer Gerechtigkeit. Das heißt: Die Seele wird im Glauben von Gott geheiligt, ausgesondert aus der Fülle der welthaften Bezüge. Sie wird in dieser Stellung vor Gott zu dem, was sie sein soll, nämlich ihr Wesen erfüllend, also gerecht. Daraus resultiert ihre Wahrheit, die so beschaffen ist, dass zwischen Gott und Mensch Friede herrscht und dass die Seele sich in Freiheit gegenüber der Welt befindet. Was kann sie mehr an Gutem wollen? Der biblische Name für diese Stellung des Menschen zu Gott heißt: Kind Gottes. Zu Kindern Gottes werden sie durch Christus, den Sohn Gottes, im Glauben, den sie von ihm empfangen. Das ist die Zielbestimmung im Prolog des Johannesevangeliums (Joh 1,12).

Von dieser Einsicht aus ergibt sich nun auch eine Einschätzung der Werke, die dem Menschen zu tun aufgegeben sind. Im eigenen Leben mit Gottes Wort vereinigt sein: Mehr ist nicht denkbar. Diese Einigkeit können gute Werke niemals erreichen. Denn sie bleiben „auf der Strecke", sie lassen sich von der Seele, die ihr Wesen noch sucht, nicht erfolgreich vollbringen. Es besteht immer ein Abstand zwischen den Menschen, die sich angestrengt haben, und Gott, der diese Anstrengung streng und gerecht beurteilen muss; sein Urteil kann man als Mensch ja auch schon vorher empfinden, und man muss ihm vorab zustimmen. Die Einheit mit dem Wort Gottes dagegen ist im Überfluss genug, wie Luther unterstreicht; dieses Verhältnis ist nicht steigerbar. Wenn aber die guten Werke, die in guter Absicht erfolgenden leiblichen Tätigkeiten, zur Bestimmung der Seele nicht nur nichts beitragen können, sondern gar nicht erst versuchen müssen, etwas beizutragen – dann ist das der Status der Freiheit für die Seele. Um seiner selbst willen muss der Mensch gar nichts mehr tun, wenn seine Seele mit dem Wort Gottes einig ist. Damit ist, wie man sogleich sieht, nicht irgendeine Art von Weltflucht in die Innerlichkeit der Seele verbunden. Die Freiheit besteht vielmehr darin, sich gar nicht mehr von der Welt abhängig machen zu müssen, was die wesentliche Geltung des eigenen Lebens angeht. Wie aus dieser Freiheit mit den Notwendigkeiten des Handelns umzugehen ist, davon wird Luther im zweiten Hauptteil seiner Schrift handeln. Jedenfalls kann man jetzt schon sagen, dass diese Tätigkeiten so mit dem leiblichen Leben zu tun haben werden, dass die Freiheit nie mehr verloren gehen kann.

2. Die Gestalt der Freiheit

Mit § 11 treten wir in den zweiten Gedankenzusammenhang des ersten Teils der Freiheitsschrift ein. Im ersten Überlegungsgang ging es um die Grundlegung der Freiheit im Glauben: Der innere Mensch wird vom alten Menschen, der der Unmittelbarkeit der eigenen Selbstbeziehung unterliegt und darum von seinen durch die Begierde gesteuerten äußeren Werken abhängig wird, zum neuen Menschen, der sich durch das Wort Gottes, wie es in Christus laut wird, bestimmen lässt. Dieses nötigt ihn, seine Verzweiflung einzusehen, erlaubt ihm dann aber auch, das Wort Christi im Glauben anzunehmen, mit dem er sich selbst verlässt und sein ganzes Dasein aus der Bestimmung durch Christus lebt, wodurch er mit ihm im Wort Gottes vereinigt wird.

Wenn die Freiheit im Glauben zustande gekommen ist, fragt sich weiter, wie diese Einheit im Gegenüber ihrer Struktur nach verfasst ist und inwiefern sich aus dieser Existenz-

verfassung ein gelungenes Leben in Freiheit ergibt und führen lässt. Diesem Thema widmen sich § 11–18. Dabei geht es
zunächst darum, inwiefern es der Glaube als Wirklichkeit des
neuen Menschen mit der Nachgeschichte des alten Menschen
aufnehmen kann. Es darf sich ja nicht bloß um die Behauptung eines Wechsels handeln, der Übergang muss auch die
alte Geschichte so integrieren, dass keine neue Störung daraus
erwächst. Davon handelt Luther in § 11 und § 12. Sodann ist zu
zeigen, inwiefern die Wirklichkeit des neuen Menschen dazu
führt, dass tatsächlich auch das Leben im Handeln geführt
werden kann. Das Leben im Glauben besitzt eine Form, die
sich im Umgang mit Gott, der Welt und den anderen Menschen zur Anschauung bringt – und darin wahres Leben realisiert. Darum geht es in dem Abschnitt § 13–18. Die beiden
thematischen Aspekte gliedern sich dabei parallel. Jedesmal
ist zuerst von Gott die Rede (§ 11; § 13), und diese Rede von Gott
konkretisiert sich im Verhältnis zu Christus (§ 12; § 14–18).

2.1 Gott anerkennen – mit Christus eins sein

§ 11 dass man Gottes Wahrheit und Gerechtigkeit
anerkennt, ... das macht wahr und gerecht

Der Anschluss von § 11 an das Summarium von § 10 ist locker:
Weiter ... Es handelt sich ersichtlich um eine Ausführung von
Aspekten, die im erzielten Ergebnis schon vorliegen, aber
auch der Vollständigkeit halber explizit genannt werden
müssen. Hier geht es um den Glauben als Anerkennung. Wir
hatten ja schon gesehen, dass der Glaube sich auf eine andere
Person richtet und damit rechnet, dass die darin aufgenommene Beziehung auch erwidert wird. Fast überrascht es, dass
Luther hier mit der Anerkennung des göttlichen Wortes
durch den Menschen ansetzt; es ist aber nach der Gedanken-

führung notwendig. Denn dass es sich um Gottes Wort handelt, kommt beim Menschen dadurch zur Geltung, dass er sich unbedingt angeredet, also auf den Grund seiner eigenen Existenz hin angesprochen findet. Dieses Wort nun ausdrücklich als Wort von Gott her anzuerkennen, enthält aber in sich, Gott selbst (in seinem Wort) als wahrhaftig anzuerkennen. Damit wird dann auch Gottes Verhalten zum Menschen, also die Tatsache seiner Verwandlung zum neuen Menschen, als Gottes ureigener Wille anerkannt.

Die darin mitlaufende Abgrenzung besagt, dass man zwischen das authentische Hören von Gottes Wort und die unmittelbare Anerkennung Gottes nichts Zusätzliches einbringen darf, weder eine vermittelnde Instanz wie die Kirche noch eine aufnehmende und verarbeitende Instanz wie das eigene Selbstbewusstsein. Wo das geschieht, wo man also zwischen Gott und Gottes Wort trennt, verliert man beides, die Überzeugungskraft und Verlässlichkeit des Wortes ebenso wie die Wahrheit und Gewissheit Gottes.

Dass Luther hier mit der Figur der Anerkennung arbeitet, die er mit *achten, halten für, die Wahrheit geben* ausdrückt, hat nun eine grundlegende Bedeutung für das Verhältnis des Glaubens zu seiner Herkunft aus der Existenzweise des alten Menschen. Denn „einem anderen die Ehre geben" nimmt ihn als Subjekt wahr, das über seine Taten hinausgeht. Einen anderen ehren und anerkennen, ist nicht Konsequenz der Beobachtung und Bewertung seines Tuns, sondern eine überschießende Einstellung auf sein persönliches Dasein. Gerade aufgrund dieses Überschusses stellt sich eine Gegenseitigkeit ein, die alle möglichen Tauschverhältnisse übertrifft, in denen Güter oder abmessbare Werte ausgetauscht werden. Wenn der Glaube also Gott (in seinem Wort) anerkennt, dann lässt er Gott als personales Gegenüber gelten. Das hat zur

Folge, dass die Bezugsform der Gegenseitigkeit greift und Gott seinerseits den Menschen anerkennt – darin aber eben auch die anerkennende Akzeptanz durch den Menschen (als dessen mögliches „Werk") übersteigt hin zu einer unbedingten Anerkennung. Diese wird dann auch von einem eventuell möglichen künftigen Fehlverhalten nicht negiert; eher ist mit einer Mahnung zu rechnen, von dem doch schon einmal artikulierten Glauben nicht abzuweichen. Insofern gilt, dass die Anerkennung von Gottes Wahrheit und Gerechtigkeit den Menschen – jenseits seiner vergangenen Werke, aber auch über seine künftigen Werke hinaus – wahr und gerecht macht.

§ 12 der Glaube vereinigt die Seele mit Christus wie eine Braut mit ihrem Bräutigam

Zweifellos zählt dieser Abschnitt in seiner poetisch-religiösen Eindringlichkeit zu den ergreifendsten Passagen der gesamten Schrift. Dennoch darf man sich durch das berührende Bild der Hochzeit nicht über den systematischen Ort in Luthers Argumentation täuschen lassen. Im Sinngefälle des Gedankens geht es hier nämlich um eine Auskunft darüber, warum die von Gott abweichenden Taten des Menschen ihn weder in seiner konkreten Vergangenheit noch in jeder möglichen Zukunft von Gott trennen können. Dafür ist das soziale Bild der Eheschließung ein sprechendes Modell. Man beachte: Es geht hier nicht, wie man aus moderner Perspektive leicht urteilen könnte, um ein Liebes-, sondern um ein Rechtsverhältnis, mit dem die Realität des Leibes Christi beschrieben wird. Wir wenden uns zunächst der inneren Gestalt dieses Rechtsverhältnisses zu.

Die Eheschließung stellt grundlegend einen Willensakt der gegenseitigen Anerkennung und Verpflichtung dar. Darin unterscheidet sie sich von einem vertragsförmigen

Tauschverhältnis. Der personale Überschuss über den materiellen Austausch hinaus wird in die Metapher „ein Leib" gefasst. Dahinter stehen der Entschluss Christi, dass er sein Leben mit der Seele, also dem Menschen, führen will – und der entsprechende Wille der Seele, sich im Glauben an Christus zu binden. Wenn aufgrund dieser Willensübereinstimmung die beiden Ehepartner „ein Leib" werden, dann sind auch die Eigenschaften und Eigentümlichkeiten jedes Gliedes diesem einen Leib zuzurechnen. Es zieht daher die Willensförmigkeit der Eheschließung die Gemeinsamkeit der Güter nach sich. Nicht in dem Sinn, dass vorhandene Güter real getauscht würden, sondern nach dem Modell, dass es in der Ehe zu einer Gütergemeinschaft kommt. Hier sind es Christi Sündlosigkeit auf der einen, die Sünde der Seele auf der anderen Seite, die zusammenkommen. Dabei besteht die Sündlosigkeit Christi darin, dass er in seinem Selbstsein ganz und gar von Gott herkommt; in dieses Gottesverhältnis wird, wie wir sahen, die Seele aufgenommen. Schaut man sich diese Art von Gütergemeinschaft an, versteht es sich von selbst, dass die qualitative Sündlosigkeit alle möglichen, ja immer zu quantifizierenden sündigen Taten überwiegt. Damit ist aber entschieden, dass es auch künftig keine Trennung zwischen Christus und den Christenmenschen gibt. Die Sünden sind derart in Christi Sündlosigkeit untergegangen, dass sie nie mehr wieder gegen den Menschen ins Feld geführt werden können.

Man kann daher sagen, dass die Struktur der tatübergreifenden gegenseitigen Anerkennung zwischen Gott und Mensch, von der in § 11 die Rede war, ihren sachlichen Grund in der auf dem gemeinsamen Willen beruhenden Gütergemeinschaft zwischen Christus und der Seele findet, von der § 12 spricht. Damit ist diese Einheit in alle Zukunft hinein untrennbar. *Daher ist es unmöglich, dass die Sünden die Seele verdammen.* Und daher kann der Gedanke abschließen mit der unbedingten Gewissheit, dass bereits im Glauben der endzeitliche Sieg errungen ist, wie ihn Paulus 1Kor 15,57 erklärt.

Das zweite Moment, das man an dieser Stelle unterstreichen muss, ist die besondere Konzeption des Leibes Christi, von der Luther Gebrauch macht. Denn es ist offensichtlich, dass der Leib Christi Christus selbst und die Seele aufgrund ihrer gegenseitigen individuellen Wahl miteinander vereint. Es herrscht also zwischen Christus und der Seele das Verhältnis der Unmittelbarkeit – erst aus dieser Willensbestimmung geht die Einheit des Leibes hervor. Das ist ein anderer Akzent als der von der Kirche bisher starkgemachte Vorstellungszusammenhang, nach dem die Kirche als solche und insgesamt den irdischen Leib Christi darstellt, in den hinein die Menschen, die zum Glauben kommen, inkorporiert werden. Es ist die Lebensgemeinschaft mit Christus, die die Menschen in der Kirche vereint – es ist nicht die Kirche als Leib Christi, die die Gläubigen in sich aufnimmt. Der Unterschied ist bedeutend. Denn nur die unmittelbare Einheit mit Christus gibt die bis ins Gericht vorgreifende Gewissheit der Rettung, gegen die noch verbleibende Sünden nichts bedeuten; genau diese individuelle Gewissheit aber ist nicht gegeben, wo das Modell des Heils in der Eingliederung in die Kirche besteht, die über das letzte Schicksal keine Auskunft geben kann.

2.2 Das Erste Gebot erfüllen, König und Priester sein

§13 der Glaube des Herzens ... ist die Erfüllung aller Gebote

In der Rekonstruktion der Logik der Gebote hatten wir zwei Aspekte unterschieden: die Seite der Anrede, die Antwort erwartet, und die Seite der Vorschrift, die eine Ausführung ge-

bietet. Stets liegen diese Momente ineinander; man kann sogar sagen, dass bereits die Anrede ein Gefälle auf die Gestaltung der gemeinsamen Welt hin besitzt, sofern aus ihr eine
Verbindlichkeit erwächst, die sich im aufeinander abge-
stimmten Handeln zur Darstellung bringt. Darum gibt es in
den Zehn Geboten auch ein eindeutiges Sinngefälle vom Ersten Gebot, das durch die Anrede nach Anerkennung Gottes
ruft, zu den anderen neun Geboten, in denen sich die Gestaltung der Verhältnisse zu Gott und zu den Mitmenschen in
der Welt zur Darstellung bringt. An diesen Zusammenhang
wird hier angeknüpft.

Danach vollzieht der Glaube als die personale Anerkennung Gottes (§ 11) zugleich die Selbstbestimmung des Menschen auf seine Handlungen hin. Dies geschieht genau dadurch, dass alle Handlungen dem Muster folgen, die innere
Selbstbestimmung äußerlich darzustellen. Da, wo inmitten
der Selbstbestimmung der Seele eine unmittelbare Selbstbeziehung herrscht, werden alle Taten durch das Muster geprägt, sich im Gegenüber zur Natur und unter Aneignung
möglichst vieler Dinge der Welt selbst erhalten zu wollen. Damit aber wird Gott nicht als der anerkannt, der die Menschen
auf die Führung ihres Lebens hin anspricht. Umgekehrt folgt,
wenn der Glaube als Verhältnis zu Gott gegeben ist, aufgrund
des Zusammenhangs von Selbstbestimmung und Lebensführung exakt eine Bestimmung aller Handlungen nach dieser
Vorgabe. Der Glaube ist *der Selbsttäter und Werkmeister, der
Gott ehrt und die Werke tut*. Präziser kann man die beiden Seiten, die im Glauben verbunden vorliegen, nicht aussprechen.
Der Glaube bezieht sich einerseits auf Gott, der den Menschen
anspricht und damit in seine Bestimmung ruft – insofern ist
er *Selbsttäter*; und er ist ebenso tätig im Blick auf die Handlungen, die sich aus dieser Bestimmung heraus in der Welt

vollziehen – das macht seinen Charakter als *Werkmeister* aus. Hat man diese doppelseitige Einheit des Glaubens im Blick, liegt es auf der Hand, dass eine ausschließliche Ausrichtung menschlichen Lebens auf das Vollbringen von Handlungen unterbestimmt ist und notwendigerweise in die Irre geht, weil ihr die Orientierung fehlt, derer sie bedarf, um über sich hinauszugehen.

Ganz gewiss ist der Glaube diese Erfüllung des Ersten Gebotes und damit des Sinns aller anderen Gebote. Doch auch hier kommt eine Konkretion ins Spiel, die die spezifische Art und Weise benennt, wie der Glaube wirkt. Denn in diese Position, Gott zu ehren, kommen die Christenmenschen durch Christus, ihren Herrn, mit dem sie in Einheit leben, wie wir in § 12 sahen. Diese Einheit lässt sich nun näher bestimmen als Königtum und Priestertum, an denen die Christen Anteil bekommen. Daraus erwächst die nähere Form, unter der dann auch den neun Geboten nach dem Ersten Gebot Gestalt verliehen wird.

§ 14 Jesus Christus, ein König und Priester, jedoch im geistlichen Sinn

Das tragende Bild in § 12 war das des Leibes Christi, der als Resultat der Selbstbestimmung Christi zur Lebensgemeinschaft mit den Seinen in den Blick kam: die Ehe als anthropologisches Muster von sozialer Einheit. Hier sind es die sozialen Typen des Königs und des Priesters, die das Bild bestimmen. Das Verfahren, mit dem Luther diese Bestimmungen aussucht, erscheint uns heute ungewöhnlich. Es ist die Methode der typologischen Verwendung des Alten Testaments. Diese geht von der Voraussetzung aus, dass die Sprachformen des Neuen Testaments von der Ausdrucksweise den Alten Testaments geprägt und mitbestimmt sind. Das ist deshalb möglich, weil die Strukturen des Gottesverhältnisses im Alten Testament grundsätzlich auf die im Neuen Testament vorausdeuten, dort aber erst zur vollen Bestimmung gelangen. Dahinter steht die Überzeugung, dass Christus im Wort seiner Verkündigung nichts anderes sagt als das, was von Gott her uranfänglich gilt, auch wenn es in der Geschichte erst durch ihn zu seinem wahren und ganzen Sinn gebracht wird.

Zu Luthers Gebrauch der Heiligen Schrift. Selbstverständlich ist es unmöglich, in diesem beschränkten Rahmen hinreichend Auskunft über Luthers Verwendung der Heiligen Schrift zu geben. Es lassen sich aber aus seinem Umgang mit der Bibel in der Freiheitsschrift einige Grundzüge erheben, die auch anderwärts zutreffen. Die wichtigste Voraussetzung für Luther besteht darin, die Bibel als Gottes Anrede an den Menschen zu verstehen. Diesen Aspekt muss man so zuspitzen, dass es unmöglich ist, Gott außerhalb seines Wortes zu verstehen. Es ist daher ausgeschlossen, die Bibel etwa in einem instrumentellen Sinn als „Werkzeug" Gottes anzusehen; denn dafür müsste man ja den Autor auch unabhängig von dem Werkzeug kennen, dessen er sich bedient. Diese Einsicht schließt etwa die tragende Rolle einer vorgeschalteten Inspirationslehre zur Begründung der religiösen Autorität der Bibel aus. Wir haben die grundsätzliche Funktion der Anrede und der sich darüber erschließenden Autorität Gottes in unseren Überlegungen zu § 6 gesehen. Dass es Gott ist, der sein Wort in der Heiligen Schrift spricht, erweist sich demnach in der Unbedingtheit, mit der dieses Wort auf uns wirkt. In diesem Sinn kommt den elementaren Sprachformen der biblischen Anrede, nämlich Forderung und Verheißung, eine Schlüsselfunktion zu. Denn in der Forderung wird die Selbstverantwortung des Menschen aufgerufen – und in der Verheißung geht es darum, dass sich Gott für die Beständigkeit des menschlichen Selbstbewusstseins und damit auch für das Ziel des Handelns aus der menschlichen Selbstverantwortung vor ihm zuständig macht. Damit ist die gesamte humane Subjektivität von Gott umfangen – und genau in diesem Sinn spricht Gott den Menschen an. Es gibt nicht anderes, *worin sie [die Seele] leben kann*, wie es § 5 heißt.

Betrachtet man diesen Grundgedanken unter historischer Perspektive, dann kann man ihn durch den Sachverhalt gerechtfertigt finden, dass die Texte der Bibel ihren Sinn allein im religiösen Gebrauch erfüllen. Das

DIETRICH KORSCH

gilt ohne Weiteres für das Neue Testament, dessen Entstehung sich ganz der Verwendung in den frühen christlichen Gemeinden verdankt; sei es als Begleitung, Kommentar und Reflexion der Verkündigung wie in den paulinischen Briefen, sei es als Grundlage und Anhalt der Verkündigung wie in den Evangelien. Dasselbe gilt aber auch für das Alte Testament, so - fern es – unabhängig von den Umständen der Textentstehung – im religiösen Gebrauch des Judentums steht.

Dass es immer um das Gegenüber von Gott und Mensch geht, das in der Bibel zur Sprache gebracht wird, lässt dann auch verstehen, warum Luther Altes Testament und Neues Testament durchaus von demselben Thema reden hört. Daher lassen sich Textstellen des Alten Testaments auch für strukturelle Sachverhalte verwenden, die den christlichen Glauben betreffen. Allerdings verhält es sich stets so, dass die Maßgabe dafür, wie das Verhältnis von Gott und Mensch zu sehen ist, dem Christuszeugnis des Neuen Testaments entnommen wird. Diese Abstufung in der Erschließungskraft begründet dann auch unterschiedliche Beurteilungen biblischer Texte. Eine solche kritische Betrachtung findet sich freilich keineswegs nur auf das Alte Testament angewandt; auch neutestamentliche Texte wie etwa der Hebräerbrief oder der Jakobusbrief fallen unter Luthers Verdikt, nicht maßstabbildend zu sein.

Es verbinden sich bei Luther daher die grundsätzlich-thematische Einheit der Bibel hinsichtlich des wortvermittelten Verhältnisses von Gott und Mensch und ihre positionell-zeugnisbezogene Differenz, die nicht mit der historischen Differenz identisch ist. Das erlaubt Luther die Verwendung von Typologien, die alttestamentliche Bilder, Metaphern und Sprachformen für neutestamentliche Sachverhalte in Gebrauch nehmen. Dabei bleibt diese eher assoziative Methode darin sachbezogen, dass sie nicht für den Aufbau anthropologischer Strukturen oder allgemeiner Weltanschauungsformen gebraucht wird, sondern sich immer der Aufgabe verpflichtet sieht, das Wort der Bibel als Anrede Gottes an den Menschen zu verstehen. In dieser Verwendung der Bibel spielt der Unterschied der Weltanschauungen zwischen der Antike und der frühen Neuzeit für Luther keine Rolle; daher lassen sich auch unter den Bedingungen unseres gegenwärtigen historischen Denkens die Umgangsweisen Luthers mit der Bibel anerkennen.

Die Assoziationslinie, der Luther folgt, findet sich schon im Neuen Testament selbst, wenn dort im johanneischen Schrifttum von Christus als dem eingeborenen, also dem erst- oder einziggeborenen Sohn die Rede ist (Joh 1,14; 3,16; 1Joh 4,9). Dabei zeigt sich freilich, dass sich eine Linie von den verschiedenen alttestamentlichen Begründungen für Königtum und Priestertum auf die neutestamentliche Verwendung dieser Begriffe und erst recht auf Luthers eigenen Gebrauch nicht ziehen lässt. Darum ist es nicht nötig, an dieser Stelle den Versuch zu unternehmen, die exegetisch und religionsgeschichtlich äußerst heterogenen Begründungsversuche für die beiden politisch-religiösen Sozialformen im Alten Testament nachzuverfolgen. Die Pointe heißt eben: Christus ist *ein König und Priester, jedoch im geistlichen Sinn*. Damit sind wir auf die Frage nach der Struktur verwiesen, die Luther mit beiden Begriffen zur Sprache bringen will.

Dass Christus ein – geistlicher – König ist, hat einen doppelten Sinn. Einmal ist er auf Jesus als irdische Person zu beziehen; die Messias-Prädikate, die auf ihn angewandt werden, spiegeln das wider. Doch ist Jesus gerade nicht der erwartete politische Anführer, als den man den Messias erwartete, sondern er ist darin König, dass er sich selbst ganz von Gott her und darum von der Welt unabhängig versteht – bis in seinen Tod hinein. Diese geistliche Macht kommt ihm sodann auch als Auferstandenem zur Rechten Gottes zu, also prinzipiell und unbedingt. Ihm sind alle Dinge unterworfen, wie die Menschen im Glauben wissen; aber eben nicht sichtbar; das wäre ja auch eine begrenzte und darum nicht unbedingte Herrschaft. Entsprechend verhält es sich mit seinem Priestertum. Es besteht vor allem in Jesu Gottesverhältnis und äußert sich in der Fürbitte und in der Lehre. Der Priester tritt als Einzelner vor Gott, nimmt den Kontakt mit ihm auf, bringt die Anliegen der Gemeinde vor Gott und vermittelt umgekehrt Gottes Präsenz an die Gemeinde. Diese Stellung im Verhältnis

zu Gott stellt ihn dann auch in die Rolle des Lehrers, der das
Verhältnis zwischen Gott und den Menschen richtig zu betrachten und zu beachten auffordert. Auffällig ist dabei, dass
das Opfer, das der Priester stellvertretend für die Gemeinde
vollzieht, keine eigene Rolle spielt, sondern als Ausdruck der
Fürbitte, des betenden Eintreten für die Menschen vor Gott,
verstanden wird. Auf den Hebräerbrief, der das Bild des Ho-
henpriesters im Neuen Testament am intensivsten auf Christus anwendet, wird nur im implizit Bezug genommen –
nach der Anmerkung zu Luthers kritischem Gebrauch der Bibel ist das nicht verwunderlich. Die strukturelle Pointe beider
Prädikate besteht zusammenfasst darin, dass es einmal, unter
dem Titel des Königs, um Christi Gottesverhältnis im Gegenüber zur Welt zu tun ist, sodann um sein Gottesverhältnis mit
besonderem Blick auf die Menschen und seine Fürsorge für
sie. Wenn es nun darum geht, dass Christus aufgrund der (im
Hochzeitsbild veranschaulichten) Einheit mit der Seele, also
dem bestimmenden Moment im Menschen, dem Menschen
seine Eigenschaften als König und Priester mitteilt, dann
rückt auch für die Menschen diese strukturelle Betrachtung in
den Mittelpunkt. Was sonst sich an Assoziationen zu den Ti-
teln einstellen mag, ist von dort her zu bewerten.

§ 15 ein Christenmensch ... geistlich ein Herr über alle Dinge

Zunächst aber gilt es, die mit diesem Textabschnitt einset-
zende Aufhebung des Machtgefälles ausdrücklich zu würdigen. Denn sowohl das Prädikat des Königs als auch das des
Priesters lebt vom Unterschied zwischen Herrscher und Beherrschten einerseits, zwischen Klerus und Laien andererseits. Jeder König kann sich nur behaupten, wenn er die Untertanen abhängig hält, und jeder Priester verliert seine ver-

mittelnde Stellung, wenn er sich nicht auf die Gemeinde als Gegenüber bezieht. Nun gehört es schon zur Umdeutung der beiden Prädikate durch Christus, dass er seine Stellung nicht für sich benutzte, um sich selbst im Unterschied zu behaupten. Das hat mit seinem Verhältnis zu Gott zu tun, das ihn durch und durch bestimmt. Indem Christus sich auf Gott verlässt, erweist sich Gott ganz und gar auf Christus bezogen. Er geht damit über sich selbst hinaus. Von diesem Sich-Überschreiten Gottes ist nun auch die Anteilgabe an Christi eigenem Sein als König und Priester bestimmt. So, wie Gott er selbst ist, indem er sich überschreitet, so verhält es sich auch mit Christus – und darum gibt er sein Herrsein und sein Priestersein an die Seinen weiter. Man bemerke: Die Ämter von König und Priester werden damit geradezu kraft höchster Autorität unterwandert, indem die zu ihnen gehörigen Abhängigkeitsverhältnisse aufgehoben werden. Derartiges hat man in der religiös-sozialen Welt noch nicht gesehen. Das Christus und die Seinen verbindende Bild ist das der Geburt. So, wie Christus das Recht der Erstgeburt zukommt, so macht er die Christenmenschen zu Kindern Gottes, die untereinander gleich sind. Alle Kinder Gottes sind gleichermaßen Erstgeborene, weil mit dem Erstgeborenen vereint. Das familiale Bild der Kindschaft dient zur Aufhebung der sozialen Differenzstrukturen von König und Untertanen, Priester und Laien. Die gesellschaftliche Sprengkraft dieser Bildverschiebung liegt auf der Hand; die religiöse Neudeutung setzt politische Konsequenzen frei.

Jedenfalls gibt es für die Übereignung von Königswürde und Priesterstand an die Christenmenschen einen Anhalt in der biblischen Sprache, 1Petr 2,9 – eine in sich freilich etwas unklare Stelle, die von einer *königlichen Priesterschaft* redet, in der sich aber verschiedene Bilder überlagern, ohne dass diese genau aufeinander abgestimmt wären. Entscheidend jedoch ist abermals nicht die vermeintliche „Belegstelle", sondern die Struktur des Gedankens. Sie ist zunächst im Blick auf die Herrschaft hervorzuheben, an der Christus Anteil gibt.

Wir hatten ja gesehen, dass sich die Herrschaftsstellung Christi durch sein Gottvertrauen begründet, also durch seine unverbrüchliche Gemeinschaft mit Gott, der sich seinerseits auf Christus bezieht. Diese Herrschaft kommt als geistliche Herrschaft darin zum Zuge, dass sich Christus von den Dingen der Welt unabhängig macht. Sie baut also nicht auf der Beherrschung des Gegenübers auf. Darum wird sie insbesondere da anschaulich, wo sich die Welt gegen Christus stellt, namentlich in seinem Tod. Der Tod ist Ausweis seiner Herrschaft, nicht Beweis seiner Niederlage. Ebendies zeichnet nun auch die Stellung der Christen als Könige aus. Sie sind so wenig von der Welt als dem beherrschten Gegenüber abhängig, dass es gerade ihr Unterliegen, ihre Abhängigkeit von Leiden und Tod sind, die die Eigenart ihrer Herrschaft unter Beweis stellen. In der Tat ist der wirklich unabhängig, der sich auch von dem ihm Widersprechenden nicht umbestimmen lässt. *Alle Dinge müssen den Auserwählten zu ihrem Besten dienen*, argumentiert Luther mit Röm 8,28 – und verschärft die Aussage *alle Dinge* unter Hinweis auf 1Kor 2,21 f. sogar noch in dem Sinne, dass auch das Böse, auch der Tod zu diesen Dingen gehören, dass also die Inbegriffe der Endlichkeit eingeschlossen werden. Jetzt lässt sich verstehen, was in der ersten These unter *allen Dingen* verstanden wurde und was in § 3 als Freiheit der Seele von der Beeinträchtigung des Leibes ausgesprochen wurde. Die unbedingte Herrschaft der Christenmenschen über die Welt, wie sie in ihrem Verhältnis zu Gott wurzelt, bewährt sich gerade in der Anfechtung und provoziert neues, vertieftes Gottvertrauen. Weil es nicht um die Ausübung von Macht geht, die immer begrenzt wäre, sondern um ein unbedingtes Standhalten gegenüber von Angriffen, kann diese Unabhängigkeit *allmächtige Herrschaft* heißen, *ein geistliches Königreich*.

§ 16 über das hinaus sind wir Priester

Über das hinaus sind wir Priester. Will man das „allgemeine Priestertum", von dem im evangelischen Christentum viel die Rede ist, recht verstehen, muss man grundlegend in Rechnung stellen, was wir in den Aussagen zum Priestertum Christi fanden: das unmittelbare Hintreten vor Gott sowie das Eintreten für den anderen in Gestalt von Fürbitte gegenüber Gott und Lehre gegenüber dem Nächsten. Luther stellt die Verbindung zwischen den beiden von Christus verliehenen Prädikaten untereinander nicht explizit her; sie ist aber überaus aufschlussreich. Die Unabhängigkeit von der Welt ist nämlich kein Selbstzweck, sondern nur der erste und grundlegende Teil der christlichen Freiheit. Genau so, wie Gott frei ist und sich anredend auf den Menschen bezieht; so, wie Christus Herr ist, um als Priester für die Seinen einzutreten, so ist auch der Christenmensch nur darum frei, um sich in aller Unabhängigkeit auf den Nächsten beziehen zu können. Wenn Fürbitte und Lehre als die beiden charakteristischen Merkmale des Priesterseins genannt werden, dann wird damit auf eine unbedingte Verantwortlichkeit für den Mitmenschen abgehoben. Dann machen sich die Christenmenschen dafür mitverantwortlich, dass das Verhältnis zu Gott das ganze Leben der Menschen in der Gesellschaft bestimmt. Und sie treten auch selbst dafür ein, dieses rechte Verhältnis durch Wort und Tat zu bezeugen. Priestersein ist nichts anderes als die Lebensform der christlichen Freiheit, die in der Gottesbeziehung wurzelt, welche die Unabhängigkeit von der Welt verbürgt. Es ist wichtig zu sehen, dass es sich bei dieser Verantwortung um ein Verhältnis der Gegenseitigkeit handelt. „Einander Priester sein" kann daher als eine geglückte Formulierung dieser Gegenseitigkeit angesehen werden. Dagegen führt es in die Irre, wenn man für das Priestersein das Gottesverhältnis ausblendet und es auf das Verhältnis zu den Mitmenschen beschränkt, also auf den „weltlichen" Dienst der Priester – so, als würden alle Christenmenschen in einen höheren Status versetzt. In Wahrheit stehen alle auf derselben niedrigen Stufe, indem sie nämlich dem Dienst am anderen verpflichtet sind.

Geistlich füreinander eintreten schließt ein, dass sich Christenmenschen um die Bestimmung der Seele kümmern, die alle Menschen so wie sie selbst vorzunehmen haben. Gerade das Leben im Glauben macht sensibel für die Wahrnehmung der Selbstbestimmung der Mitmenschen. Und sich auf diese Seite der menschlichen Existenz zu beziehen, ist die Voraussetzung dafür, dass das, was zu tun ist, auch wirklich getan wird. Wer durch Christus in die Gemeinschaft der Christenmenschen versetzt ist, erlebt, wie diese füreinander eintreten: Das ist der Grund christlichen und in diesem Sinne kirchlichen Lebens. Das christliche Leben ist der Musterfall eines über sich selbst hinausgehenden menschlichen Lebens. Wer sich im Glauben auf Gott verlässt, hat keine Angst, sich auch auf andere Menschen zu verlassen.

Dass es die Bewegung Gottes über sich hinaus ist, an der die Christenmenschen teilhaben, hatten wir soeben hervorgehoben. Sie folgen damit der Dynamik, in der Gott selbst lebt. Darum kann es in einem Spitzensatz Luthers heißen, die Christenmenschen seien durch ihr Priestertum *Gottes mächtig*: Sie verlangen nichts, was Gott nicht selbst will; sie tun mit ihrer Kraft, was der Wille Gottes ist. Entscheidend ist dabei, dass die Freiheit sich gerade in der Selbstentäußerung vollendet, die doch immer bei und in Gott bleibt, wie am Ende der Schrift ausdrücklich gesagt wird. Dass so eine Verbundenheit aller entsteht, die sich in diese Bewegung einbezogen wissen, weist auf den Überfluss hin, der aus der Gegenseitigkeit des Verhaltens der Christenmenschen zueinander erwächst.

Die Unabhängigkeit im Glauben, die nur die Festigkeit der Gottesbeziehung zum Ausdruck bringt, ist die Voraussetzung für die Gegenseitigkeit des Handelns, durch welches das Christsein in der Welt Wirklichkeit wird. In der Gegenseitigkeit des Handelns vollendet sich die Bewegung des Glaubens als ein Sich-Verlassen. Genau insofern gehören das Königtum und das Priestertum der Christenmenschen zusammen. Und in dieser Zusammengehörigkeit kommt das Entscheidende der christlichen Freiheit zum Ausdruck.

§ 17 was denn nun der Unterschied sei zwischen Priestern und Laien

Im Ausgang vom Priestertum Christi nimmt Luther eine erhebliche Umformung des herkömmlichen Priesterbegriffs vor, zu dem, wie wir sahen, der konstitutive Unterschied von Klerus und Laien gehört. Es kann daher nicht ausbleiben, dass sich Luther selbst die kritische Frage stellt, wie sich sein Begriff vom Priestersein aller Christenmenschen zum herkömmlichen Begriff des Priesters verhält. Die Antwort verläuft auf zwei Ebenen. Auf der ersten Ebene gilt, dass alle insofern Priester sind, als sie selbst unmittelbaren Zugang zu Gott haben, sich an Gott wenden – insbesondere im Blick auf die Mitmenschen und also auf das gemeinsame Leben in der Welt. Zu diesem Aspekt des Priesterseins gehört das, was wir Gegenseitigkeit nannten: dass einer für den anderen eintritt infolge des Eintretens Gottes für uns in Christus. Insofern stellt das Priestertum den Inbegriff der christlichen Lebensform dar; es ist die Haltung, die alles Handeln bestimmt, auch und gerade das weltliche, wenn man so will: das profane Handeln, wie es sich durch die unterschiedlichen Lebensumstände und Begabungen nahelegt und nötig gemacht wird. Auch das Handeln im Beruf ist folglich ein Ausdruck des Priesterseins, wenn es im Sinne der beschriebenen Gegenseitigkeit ausgeübt wird, die sich der von Gott eröffneten gemeinsamen Geschichte in Freiheit bewusst ist. In dieser Darstellung steckt, neben dem Eintreten füreinander, der Aspekt der „Lehre" in Form einer indirekten Mitteilung durch die eigene Lebensgestalt.

Nun gibt es aber – das ist die andere Ebene – bereits von Anfang an unter den Christen auch solche Menschen, die sich inmitten dieser menschlichen Gemeinschaft in ihrem individuellen Handeln zur Verkündigung befähigt wissen und genötigt sehen; der Apostel Paulus gehört zu ihnen, und er ist derjenige, der diese Rolle sogleich reflektiert hat. Für diesen spezifischen „Beruf", der sich der Mitteilung im expliziten Sinne annimmt, gilt eine doppelte Bestimmung. Einerseits ist er Ausübung des Dienstes wie jeder andere Beruf im christlichen Sinne. Das hat Paulus, wie Luther vermerkt, selbst schon so gesehen, wenn er 1Kor 4,1 die apostolische Existenz als Dienst- und Haushalterexistenz beschreibt. Die andere Bestimmung bezieht sich auf das Spezifikum dieser Verkündigungstätigkeit. Die Verkündigung ist nämlich diejenige Aktivität, durch die unter den Menschen das Bewusstsein geweckt wird, das sie als Christenmenschen auszeichnet. Es handelt sich also um die Tätigkeit, die das freie Verhältnis der Gegenseitigkeit der Christenmenschen zum Ziel hat. Daher hebt sich der Unterschied, der in der Kommunikation unweigerlich gegeben ist, am Ziel des Handelns auch wieder auf; alles mündet in die Gemeinschaft der Christenmenschen in Christus ein.

Diese doppelte Bestimmung vermag das ansonsten auch manchmal als schwierig angesehene Verhältnis zwischen der Grundbestimmung des allgemeinen Priestertums und der speziellen, berufsförmigen Verkündigungsaktivität von Pfarrerinnen und Pfarrern zu ordnen. Dabei ist der Kurzschluss zwischen dem Priestertum als Weihepriestertum und dem Pfarramt zu vermeiden: Pfarrer sind keine Priester.

Denn es gilt grundlegend und ausnahmslos, dass alle Christenmenschen als Priester einen unmittelbaren Zugang zu Gott haben, den sie nicht als Privileg besitzen, sondern den sie als Aufgabe wahrnehmen, für andere vor Gott einzutreten. Im Priestertum gründet der Gedanke einer christlichen Gegenseitigkeit, nach dem der eine für den anderen verantwortlich ist. Diese Verantwortung besteht als Lebensform aller Christen. Damit sie aber in dieser Weise ergriffen wird und bestehen bleibt, muss sie mitgeteilt und angeeignet werden. Diese Mitteilung sachgerecht laut werden zu lassen, verlangt innerhalb der Gemeinsamkeit der christlichen Lebensform eine besondere Übung, die zu unterschiedlichen Zeiten auf unterschiedlichen Wegen erfolgt. In dem Maße, wie Ausbildungen professionell geordnet werden, gewinnt auch die Aufgabe der Verkündigung eine professionelle Gestalt. Es ist die christliche Gemeinde selbst (in welcher Organisationsform auch immer), die die Angemessenheit der Ausbildung zur bestimmungsgemäßen Anleitung christlichen Selbstverstehens anerkennt und die so Ausgebildeten in ihr Amt der Verkündigung beruft.

Die gesellschaftliche Analogie dafür liegt auf der Hand. Gemäß der Regel der Gegenseitigkeit sind die Menschen füreinander auch im Bereich der Gesundheit verantwortlich. Niemand wird unter Verweis auf diese Tatsache auf die vorsorgliche Ausbildung von Medizinern und im Krankheitsfall auf die Konsultation von Ärzten verzichten. Dasselbe gilt von der gegenseitigen Verantwortung für das Recht zwischen den Menschen; auch hier bedarf es ausgebildeter Rechtskundiger, um die Kultur des Rechts zu pflegen und Streitfälle zu entscheiden.

Wenn von der Verkündigung die Rede ist, liegt ist es nahe, nun auch die Frage nach der richtigen Verkündigung explizit zu erörtern.

§ 18 *Christus soll und muss so gepredigt werden, dass mir und dir der Glaube daraus erwachse und erhalten werde*
Hier kommt die Eigenart der Verkündigung als Bestimmung des christlichen Lebens noch einmal besonders deutlich in den Blick. Es geht in ihr nämlich um die Erzählung derjenigen Geschichte, die uns anspricht, uns für sich öffnet und einbezieht, so dass wir selbst mit dabei sind. Die äußere Geschichte Jesu Christi wird zur Bestimmungsgröße unserer eigenen inneren Lebensgeschichte.

Diese besondere Kommunikationsform unterscheidet sich von zwei anderen Typen der Vermittlung geschichtlich-geistiger Inhalte, die Luther knapp und klar skizziert. Die eine Vermittlungsform ist die historische. In ihr werden Geschehnisse der Vergangenheit so überliefert, dass man sie verstehen und sich zu ihnen verhalten kann. Die Basis dieser Verständigung zwischen Vergangenheit und Gegenwart besteht darin, dass hier von Begebenheiten berichtet wird, wie sie sich eben unter Menschen zutragen. Es geht um Macht und Einsicht, Herrschaft und Widerstand, Erfahrungen und Erlebnisse und so fort. Wir als diejenigen, die davon berichten hören, können uns diese Geschichten aneignen, weil wir derlei selbst kennen, auch wenn wir genau diese Geschehnisse noch nicht selbst erlebt haben. Wir finden in den Geschichten Möglichkeiten des Menschseins. Darum sind sie nicht nur interessant zur Erkenntnis der Vorgeschichte, die unser Leben so oder so mitgeprägt hat. Sie lassen uns auch Haltungen und Wertungen erkennen, mit denen man geschichtliche Ereignisse erleben und gestalten kann. Immer setzen sie unser eigenes Erleben voraus, immer nehmen sie uns als handlungsfähige, mit unserer eigenen geschichtlichen Bestimmung umgehende Menschen in Anspruch. Genau das ist das Schema aller historischen Überlieferung. Die gesamte historisch-kritische Methode gründet sich auf diese Form der geschichtlichen Mitteilung und Aneignung. Sie ist jedoch als Methode der Verkündigung ungeeignet, weil sie voraussetzt, was doch durch die Verkündigung erst zustande kommt, nämlich die Bestimmung der Seele, des inneren Menschen durch Gott.

Stattdessen scheint sich eine andere Art der Überlieferung für die Verkündigung nahezulegen. Diejenige nämlich, die an der erlebnisförmigen Gestaltung unseres Inneren interessiert ist. Man könnte sagen: nicht die historische, sondern die poetische, die darauf abzielt, unsere Gefühle als unser Inneres zu bestimmen. Danach müsste sich die Erzählung von Chris - tus auf die Erregung von Gefühlen konzentrieren, also auf Furcht und Hoffnung, Liebe und Hass, Erschrecken und Begehren. Diese Aspekte kommen ja auch durchaus in Erzählungen von der Vergangenheit vor. Da, wo sie künstlerisch ausgearbeitet sind, in der Tragödie oder in der Oper, vermögen sie in der Tat unser Herz zu ergreifen und zu bewegen. Aber auch diese Gestalt der Kommunikation bewegt sich, so sehr sie aufs Innere konzentriert ist, auf dem Boden unserer schon vorliegenden Bestimmung. Die erregten Gefühle las-

sen uns hierhin und dorthin schwanken – sie machen uns
aber nicht zu neuen, von Gott bestimmten Menschen. Aus
diesen Gefühlen erwächst der Glaube so wenig wie aus den historischen Überlieferungen.

*Aber Christus soll und muss so gepredigt werden, dass mir
und dir der Glaube daraus erwachse und erhalten werde.* Wie
geht das zu? Die Verkündigung erzählt, warum Christus gekommen ist: damit er von uns aufgenommen wird – und wir
dabei merken, was er für uns ist. Diese Wendung Luthers
ist eine überaus gehaltvolle Miniatur der Verkündigung,
und das in den folgenden drei Schritten: Es wird erzählt, dass
Christus gekommen ist; das könnte man auch von Alexander
dem Großen so sagen; hier wird – im ersten Schritt – eine geschichtliche Begebenheit vermittelt. Wenn aber Christus aufgenommen wird, geht uns – im zweiten Schritt – unsere Freiheit auf, dass wir Könige und Priester sind, Herren in der
Welt; zugangsberechtigt zu Gott und anerkannt von Gott. In
diesem Sinne bestimmt seine uns äußere Geschichte unser
inneres Leben – aufgrund der Erzählung von ihm, die durch
ihre eigene Form unsere vermeintliche Selbständigkeit unterbricht und neu bestimmt, wie wir an der Wirkungsweise
des Wortes Gottes gesehen haben. Daraus resultiert nun, im
dritten Schritt, die innere Erregung der Freude, des Trostes
und der Lust, Christus liebzuhaben. Die Freude zeichnet sich
dadurch aus, dass sie an sich selbst genug hat, nichts anderes
mehr will und braucht. Trost wird empfunden, wo wir Belastungen ertragen und unter Anspannung uns selbst treu bleiben dürfen, weil wir auf etwas vertrauen, das uns über unser
eigenes Vermögen hinaus hält und trägt. Darum hat auch das
Begehren hier einen Ort, nämlich so bei und in Christus zu
bleiben, wie ein liebender Mensch beim andern sein will. Dieser Dreischritt markiert den genauen Unterschied zwischen

historischer und poetischer Überlieferung einerseits und der Verkündigung andererseits: In der Verkündigung von Christus wird der innere Mensch angesprochen und so neu bestimmt, dass er sich selbst verwandelt erlebt.

Damit ist dem inneren Menschen, dessen Zentrum hier zu Recht in die Metapher des Herzens gefasst wird, durch Christus eine Gewissheit gegeben, die es mit allem aufnimmt, was dem Menschen begegnen kann, am Ende auch mit dem Tod. Der Glaube als die Verbundenheit mit Gott, als die Einheit mit Christus, ist so stark, dass nichts sie zu zerreißen vermag. Daher führt Luther hier mit gutem Grund 1Kor 15,54-57 an, den Schluss desjenigen Kapitels, in dem Paulus von der Auferstehung und vom Ende aller Zeit spricht: Gott sei Dank, der uns – zuerst und zuletzt – den Sieg über Sünde und Tod gibt durch Jesus Christus, unseren Herrn. Damit ist die Bestimmung des inneren Menschen abgeschlossen. Darüber hinaus braucht es nichts mehr.

III. DER ÄUSSERE MENSCH:
HANDELN AUS FREIHEIT § 19–30

1. Der eigene Leib als inneres Gegenüber

§ 19 jetzt kommen wir zum anderen Teil, auf den äußeren Menschen zu sprechen
Es ist so: Der innere Mensch ist durch das Wort Gottes, das den Menschen mit Christus vereint und ihn dadurch in die Freiheit vor Gott und gegenüber der Welt führt, vollständig bestimmt. Eine Bestimmung ist aber dadurch gekennzeichnet, dass ihr auch gefolgt werden muss. Sie gehört im gnzen Leben umgesetzt und dargestellt zu werden. Das war ja von vornherein so angelegt, als bereits in § 5 vom Leben die Rede war.

Dabei ist es die Kraft, die in der Bestimmung liegt, welche auch für die Durchsetzung derselben zuständig ist: alles steht bei Gott, *Gebot und Erfüllung: Er befiehlt allein, er erfüllt auch allein,* wie es § 9 heißt. Darum ist die scheinbar naheliegende Folgerung abstrakt und ohne sachlichen Grund, wenn aus der ausschließlichen und vollständigen Bestimmung des Menschen durch das Wort Gottes geschlossen wird, menschliches Handeln sei, weil für das Menschsein nicht grundlegend, überhaupt nicht mehr nötig. Luther spricht das aus, indem er darauf verweist, dass die über den Menschen ergehende Bestimmung eben als *seine* Bestimmung auch durch ihn hindurchgehen muss – zumal dann, wenn diese Bestimmung durch das Wort erfolgt, das mit Bewusstsein gehört wird und dem in der Gestaltung des Willens gehorcht werden muss. Das ist gemeint, wenn mit Röm 8,23 von den anhebenden Früchten des Geistes die Rede ist; der Gedankengang des Paulus in den Versen 19–25 zielt darauf ab, dass sich die herrliche Freiheit der Kinder Gottes in der Schöpfung und zum Segen der Schöpfung darstellt. Es geht also bei der äußeren Darstellung der inneren Bestimmtheit nicht um eine bedauerlicherweise noch nötige Veräußerlichung einer rein inneren Realität; die im Handeln erfolgende Realisierung stellt vielmehr eine Steigerung der in der Bestimmung des Menschen wirkenden Kraft Gottes dar – das, worauf die ganze Schöpfung, nach dem Wort des Paulus Röm 8,19, noch wartet. Die Dienstbarkeit, die nun hier pünktlich zur Sprache kommt, ist die innere Konsequenz eines vom Wort Gottes bestimmten Lebens der Christenmenschen.

Dabei ist damit zu rechnen, dass die gesuchte Konsequenz von Bestimmung und Darstellung sich stets nur im Prozess des sich ausdrückenden Lebens erkennen lässt. Das Bestimmungsgefälle, mit dem die Seele, der innere Mensch, sich im

Leib, dem äußeren Menschen, geltend macht, ist in der Tat ein Lebensvollzug und keine vom Subjekt unabhängige Gegebenheit. Das hat zur Folge, dass auch das Verständnis dieses Zusammenhangs sich nur demjenigen Menschen hinreichend erschließt, der auf das Verhältnis der bestimmenden Seite, der Seele, zum bestimmten Moment des Lebens, dem Leib, zu achten versteht. Erst der Blick, der von der Bestimmung und der Absicht ihrer Verwirklichung ausgeht, kann deren Gelingen und Scheitern wahrnehmen. Diese Differenz ist schon darum von Bedeutung, damit nicht die noch unvollkommene Darstellung als Argument gegen die Vollständigkeit der Bestimmung ins Feld geführt werden kann.

Die Bestimmung des Lebens des Christenmenschen durch das Wort Gottes geschieht mithin in der Weise, dass die durch das Wort Gottes vollständig bestimmte Seele sich im leiblichen Handeln unter den Bedingungen der Welt zur anschaulichen Darstellung bringt und damit zum Lob Gottes auffordert, der alles, Gebot und Erfüllung, wirkt. Man sieht hier, dass eine Alleinwirksamkeit Gottes und ein selbstbewusstes menschliches Handeln sich überhaupt nicht ausschließen; gerade durch dieses selbstverantwortliche Handeln hindurch geschieht Gottes eigener Wille. Die Dienstbarkeit der Christenmenschen steht in der genauen Konsequenz ihrer Freiheit, sie ist deren weltliche Wirklichkeit.

§ 20 da heben nun die Werke an

Das Leben des Christenmenschen ist ein Verwandeltwerden vom alten zum neuen Menschen – in Gestalt der Annahme seiner Bestimmung durch Christus und des Lebens gemäß dieser Bestimmung. Weil es sich um einen Prozess handelt, ist immer wieder zu vollziehen, was mit dem Übergang vom alten zum neuen Menschen vorgegeben ist. Es gibt also ein

Lernen im Glauben, obwohl der Glaube selbst nicht Resultat eines Lernprozesses ist. Und es gibt auch ein Lernen im bestimmungsgemäßen Handeln, das sich den Bedingungen stellen muss, unter denen Christenmenschen in der Welt leben. Unter diesem letzten Aspekt kommen die Umstände und Ziele des Handelns in den Blick. Dabei herrscht ein konsequenter Zusammenhang zwischen der Umwandlung des inneren und der Handlungslogik des äußeren Menschen.

Die Überwindung des alten Menschen durch den Glauben geschah ja so, dass an die Stelle der unmittelbaren Selbstbeziehung als der Vergewisserungsbasis des Lebens und Handelns die Beziehung zu Christus tritt; er macht uns zu freien Menschen vor Gott in der Welt. Der negative Ausgangspunkt der unmittelbaren Selbstbeziehung war aber verknüpft mit dem Begehren von Dingen der Welt, die dazu gebraucht werden sollten, die innere Leere der Selbstbeziehung zu füllen und damit den Bestand des Lebens zu ermöglichen. Es liegt nun auf der Hand, dass auch der neue Mensch vor der Aufgabe steht, das Verhältnis zur gegenständlichen Welt neu zu regeln, indem die Selbstbeziehung, wie sie nun durch Christus vermittelt ist, es mit dem Begehren aufnimmt, das sich von Dingen der Welt abhängig macht. Es ist dieses Phänomen des Begehrens, das sowohl hinter der unmittelbaren Selbstbeziehung steckt als auch das Handeln des alten Menschen steuert. Es damit aufzunehmen, heißt *seinen eigenen Leib regieren*. Dass ein Handeln, welches diesem Grundsatz der Selbstbestimmung folgt, zugleich auf Ziele in der gemeinsamen Welt gerichtet ist, sofern alles Handeln etwas hervorbringt, ist der zweite Aspekt, der dann ab § 26 erörtert wird. Das heißt, *mit den Leuten umgehen*.

Der zweite Teil der Schrift (§ 19–29) gliedert sich daher nach streng sachlicher Vorgabe in zwei große Gedankengänge. Im ersten geht es um die innere Form des Handelns, also das Tun des Christenmenschen in seinem eigenen Leib (§ 20–25); im zweiten (§ 26–29) ist das Thema die zwischenmenschliche Dimension des Handelns als dessen äußere Form.

Die drei Stellen der Heiligen Schrift, die Luther an dieser Schaltstelle seines Traktates heranzieht, konzentrieren sich denn auch genau auf das Phänomen des Begehrens und seine Überwindung. In Röm 7,22 f. spricht Paulus davon, dass der inwendige Mensch Lust hat, Gott gehorsam zu sein – also die Konsequenzen des Ersten Gebotes auch zu leben. Zugleich findet er in sich *einen anderen Willen*, nämlich den, sich in Begierde auf Dinge der Welt zu beziehen. Es kommt gewissermaßen zu einem Widerstreit des Begehrens: Gott zu gehorchen oder der Welt zu verfallen. Wichtig ist hierbei, dass es nicht etwa um den Gegensatz zwischen einer rationalen Orientierung des Verstandes im Glauben und einer emotionalen Begierde der Sinnlichkeit geht; vielmehr ist ein Kampf unterschiedlich bestimmter Begehrenskräfte zu beobachten. Auch der Glaube hat, wie wir soeben an den Begriffen Freude, Trost und Liebe in § 18 sahen, eine emotional-strebende Seite. Die Auseinandersetzung zwischen diesen Triebkräften führt nun freilich in einen Kampf; davon spricht 1Kor 9,27 als Umgangsweise mit dem im eigenen Dasein anzutreffenden Gegensatz der Bestimmungen. In ganzer Breite findet sich dieser Vorgang der Neubestimmung des Handelns in Gal 5 durchdacht. Dort ist V. 16 vom Leben des Geistes im Gegensatz zu den Begierden des Fleisches die Rede – damit kommt es zu einem Kampf zwischen den Phänomenen des Eigenwillens und den Phänomenen geistlichen Lebens (vgl. V. 19–21 mit V. 22 f.). *Wenn wir im Geist leben, dann lasst uns auch im Geist wandeln*, lautet die Formel des Paulus, die man an dieser Stelle ebenso als Maxime Luthers verstehen kann. Möglich ist diese Konsequenz eben und allein durch die Zugehörigkeit zu Christus.

§ 21 aber diese Werke dürfen nicht in der Meinung gesche-hen, dass dadurch der Mensch vor Gott gerecht werde
Dass es die dem Glauben folgenden Werke gibt, ist für Luther unstrittig, und wir verstehen das auch: So, wie der Mensch be-stimmt ist und sich selbst bestimmt, so handelt er auch. Die Überwindung der inneren Triebkraft der Begierde zieht auch die Befreiung von der triebhaften Abhängigkeit von Dingen der Welt nach sich. Es wäre also ganz falsch, den Glauben bloß als eine Motivation zum Handeln anzusehen. Er ist stattdes-sen die Bestimmung des tatsächlichen Handelns.

Allerdings tritt nun ein Umstand ein, der besonderer Auf-merksamkeit bedarf. Wenn es nämlich ein Handeln gibt, das dem Glauben entspringt und entspricht, sich also gegen die an der Welt haftende Begierde durchgesetzt hat, dann tritt es als bestimmungsgemäß getanes Werk vor Augen. Es wird da-mit von seiner Herkunft potentiell ablösbar und könnte auch in einen neuen Verstehenskontext gerückt werden. Etwa in den, dass das Werk ja auch eine Rückwirkung auf die Person besitzt, die es tut – in dem Sinne, dass es nicht nur die Güte dieser handelnden Person darstellt, sondern zur Bewährung oder zum weiteren Aufbau der Person beiträgt. Dieses Verste-hensschema ist ungeheuer naheliegend, weil es den Gedan-ken des Werdens, der Veränderung zum Besseren, auch auf das Verhältnis von handelnder Person und getanem Werk überträgt. Wir waren oben schon in unserer Erinnerung an Aristoteles (§ 4) auf die Macht dieses Vorstellungszusammen-hangs zu sprechen gekommen. Wenn diese Betrachtungs-weise aber zutrifft, dann wird damit unterstellt, dass die handelnde Person erst noch werden muss, was sie sein soll, dass ihre Gerechtigkeit also noch aussteht. Diese Annahme jedoch wäre – nach allem, was Luther ausgeführt hat – ein radikaler Widerspruch gegen das Handeln Gottes am Menschen in seinem Wort. Diese Verführung lässt sich nur überwinden, indem nicht auf die Güte des Handlungsresultates reflektiert und diese auf den Handelnden zurückgeführt wird, sondern indem im Bewusstsein bleibt, dass ein Handeln vorliegt, das deshalb dem eigenen Widerstand abgetrotzt wurde, weil Gottes Macht in ihm wirksam ist. Diese Betrachtungsweise nimmt die Durchlässigkeit menschlichen Handelns für das göttliche Wirken wahr. Nur dann, dann aber auch bestimmt, wird die Wahrnehmung der Güte des Handelns in seinem Resultat zum Anlass, Gott zu loben, der eben alles wirkt, Gebieten und Vollenden.

Das Bezwingen des eigenen Leibes durch die Überwindung des äußerlichen Begehrens trennt die Aufmerksamkeit auch in anderer Hinsicht vom Resultat des Handelns ab. Denn da, wo tätiger Gehorsam vorliegt, also eine Selbstbestimmung im Glauben erfolgt, kommt es nicht mehr darauf an, den Leib als solchen zu unterdrücken. Das wäre sozusagen eine negative Fixierung auf die Ergebnisse des Handelns – so, wie ein Streben nach aufbauenden „guten Werken" eine positive Fixierung darstellte. Damit werden dann alle Versuche zwanghafter Askese ebenso überflüssig wie die Versuche, Gutes über die Darstellung der eigenen Bestimmtheit durch Gott hinaus tun zu wollen. Man kann es auch so sagen: Gerade indem der Leib von der Selbstbestimmung im Glauben her geleitet wird, kommt er zu seinem Recht. Das aus dem Glauben kommende Handeln entspricht der leibseelischen Verfasstheit des Menschen. Die aus dem Glauben entspringende Freiheit ist endliche Freiheit, reale Freiheit unter den Bedingungen der Endlichkeit. *Es soll nichts anderes darin gesucht oder angesehen werden, als dass dieses Tun Gott gefällt, dessen Willen der Glaube ja gern und aufs Allerbeste erfüllen will.*

Was Luther hier vorschlägt, ist nichts weniger als eine Umstellung der grundsätzlichen Perspektive des menschlichen Selbstverständnisses von einer Tatorientierung auf eine Personorientierung. Die kritisch vorausgesetzte Haltung im humanen Selbstverständnis sieht so aus, dass das eigene Sein und das eigene Tun in einem kontinuierlichen Werdezusammenhang stehen, den man sich spiralförmig vorstellen kann: Taten wirken auf ihre Urheber zurück – und bringen diese entweder auf dem Weg zu ihrer Wahrheit voran oder hindern sie daran. Stets müssen sich weitere Handlungen anschließen – sei es, um den Prozess des Aufbaus weiter voranzutreiben, sei es, um die Rückschritte durch schlechtes Handeln auszugleichen. Die Triftigkeit dieses Modells wird da noch verstärkt, wo es religiös interpretiert wird, etwa in der Annahme, dass Gott mit seiner Gnade in diesen Werdeprozess eingreift.

Demgegenüber verlangt die von Luther vorgeschlagene Umstellung einen Blickwechsel. So sehr man von einem Gesamtprozess des Werdens in der Welt reden kann, so wenig ist dieses Modell hinreichend, um die Stellung des Menschen vor Gott zu beschreiben. Vielmehr redet Gott den Menschen, der in dem Weltprozess steht, von sich aus an; durch Gottes Wort, das durch Christus geschieht, wird er mitten in der Welt als Subjekt herausgehoben, als Einzelner von seiner Verflechtung in das bewegte Ganze der Welt unterschieden und als solcher zu Gott in eine unmittelbare Beziehung gebracht. Als diese unbedingt anerkannte Person ist der Mensch dann als Christenmensch zum Handeln in der Welt bestimmt – und zwar gerade so, dass in seinem Handeln die göttliche Bestimmung ihren Ausdruck findet. Davon zu wissen und sich in diese Bewegung von Gott her eingestellt zu finden, ist die Aufgabe der Verkündigung des Evangeliums.

Der hier vorgetragene Gedanke Luthers, den man in der Theologie als „Unterscheidung von Person und Werk" bezeichnet, hat auch im politischen und rechtlichen Verständnis unserer westlichen Gesellschaften erhebliche Folgen gezeitigt. Unsere gegenwärtige Differenzierung zwischen einem Handlungssubjekt und seinen Taten, das die grundsätzliche Ausrichtung des Strafrechts auszeichnet, hat in der ursprünglich theologischen Unterscheidung ihren Ursprung. Analog verhält es sich mit dem universellen Gedanken der Menschenwürde, in dem eine unbedingte Anerkennung jedes einzelnen Menschen gefordert wird.

Weil es sich hier um eine grundstürzende Neuausrichtung des Selbstverständnisses handelt, kann es nicht verwundern, dass Luther diesem Gedanken ausführliche Aufmerksamkeit zukommen lässt. Die Paragraphen 22–25 sind in auffälliger Redundanz damit beschäftigt, ihn durch Beispiele und Grundsätze einzuschärfen; dabei gehen zwei Beispiele den grundsätzlichen Formulierungen voraus, die dann abermals veranschaulicht werden.

§ 22 *soll man die Werke eines Christenmenschen nicht an-*
     ders ansehen als die Werke Adams und Evas im Paradies
Dass der Glaube ein Selbstbewusstsein darstellt, welches sich ursprünglich auf Gott bezieht, kennzeichnet die Lage im Paradies. Es herrscht ungebrochene Gemeinschaft zwischen Gott und Mensch. Dieser – historisch natürlich fiktiven – Situation ist das Leben der Christenmenschen zu vergleichen. So, wie Adam und Eva nach der Urgeschichte im Garten Eden lebten und auf das Gebot Gottes Gen 2,16 f. hin handelten, so

leben die Christenmenschen aus der bestimmenden Präsenz Gottes. Was sie tun, hat nicht die Vollendung eines noch unvollkommenen Zustandes zum Zweck.

Das zweite Beispiel bezieht sich nicht auf einen ursprünglich gegebenen, sondern auf einen verliehenen Status, den eines Bischofs, der aufgrund seiner Bischofsweihe dazu befugt ist, bestimmte Handlungen zu vollziehen, etwa Kirchen zu weihen. Auch hier ist die Stellung der Person Voraussetzung seines bestimmungsgemäßen Handelns.

§23 ein guter gerechter Mensch tut gute gerechte Werke

Diese beiden Beispiele fasst Luther sodann in den Grundsatz: *Daher muss stets die Person zuvor gut und gerecht sein vor allen Werken und es müssen gute und gerechte Werke folgen und von der gerechten und guten Person ausgehen.* Als Grundsatz kommt dieser Formulierung beinahe schon der Charakter eines Sprichworts zu, das, wenn man es einmal gehört hat, generell gilt. Daher kann Luther nun als Ausführung seines Grundsatzes auf zwei Erfahrungen aus dem nichtreligiösen Bereich verweisen: Baum und Frucht; Zimmermann und Haus. Zugleich zeigen sich freilich dabei auch die Grenzen der Vergleiche. Das Beispiel von Baum und Frucht, das aus Mt 12,33 stammt, hat Luther immer wieder angewandt, wenn es um das Verhältnis von Glaube und Werken geht. Seine Leistungsfähigkeit besteht darin, dass in der Tat der Baum da sein muss, um Früchte hervorzubringen. Wie diese dann beschaffen sind, hängt von der Güte des Baumes ab. Man muss also am Baum ansetzen, wenn man gute Früchte haben will; eine Rückwirkung der Früchte auf den Baum, der sie trägt, lässt sich nicht behaupten. Schief wird das Bild, wenn man es überdehnt, also nicht mehr in seiner ursprünglichen Verwendungsabsicht belässt. Dann könnte man nämlich sagen:

Ob ein Baum gut ist, zeigt sich erst an seinen Früchten; vorher ist er unbestimmt. Oder man könnte sagen: Ob ein Baum gute Früchte bringt, hängt nicht allein von der Pflege durch den Gärtner ab, sondern auch von der natürlichen Beschaffenheit des Baumes, die sich nicht einfach verändern lässt. Das Beispiel von Baum und Früchten ist also für die Veranschaulichung von humanen Werde- und Bestimmungsvorgängen nur sehr begrenzt zu gebrauchen. Dass Menschen neue Menschen im Glauben werden, das kann und muss auch im Unterschied dazu artikuliert werden, dass sie dem Glauben entsprechend handeln.

Ähnlich verhält es sich mit dem Bild vom Zimmermann und dem Haus, das er errichtet. Es ist in Luthers Verwendung nur dann schlüssig, wenn man die Ausbildung des Handwerkers als abgeschlossen voraussetzt: Ein Meister ist zu meisterhafter Arbeit befähigt. Dass man aber Meister wird, indem man übt, und dass auch Meister manchmal stümperhafte Gewerke hervorbringen – das alles muss man von dem Bild fernhalten.

§24 ob man gerecht oder böse wird, das gründet sich nicht auf die Werke, sondern auf den Glauben

Darum kommt es, wie gesagt, auf die Perspektive an, aus der man den Zusammenhang von Glauben und Handeln betrachtet. Die richtige Sichtweise wird dabei in der Heiligen Schrift gelehrt. Schon die alttestamentliche Weisheit hat beobachtet, dass es die Abwendung von Gott ist, welche den Ursprung des bösen Handelns darstellt (Sir 10,14). Und Christus hat, meint Luther, auf den Vorrang des Baumes vor der Frucht verwiesen; demnach wäre der Baum gut zu machen, um gute Früchte zu erzeugen. Hält man diese Lesart des Ursprungs guter Werke fest, bleiben sie in ihrem richtigen Sinn.

149

Nun stellen sich Handlungen aber als anschauliche Resultate dar. Die Werke *zeigen äußerlich an, wer gerecht oder böse ist*. Wird der Blick darauf beschränkt, dann legt sich der falsche Rückschluss nahe, dass eine Verbesserung des Werkes auch eine Verbesserung des Handlungssubjekts zur Folge hätte. Wer sich aber diesem Mechanismus des Besserwerdenwollens unterwirft, der wird sich immer weiter vom Glauben entfernen, der ihm eigentlich die Gerechtigkeit schenkt.

An dieser Stelle lässt sich die Kommunikationssituation Luthers gut nachempfinden. Sie ist durch die Debatte über die Reichweite „guter Werke" bestimmt. Das ihnen zugrunde liegende Schema eines durch Gnade vermittelten Aufbaus der Person, in dem die von Gott her formende Kraft und die geformte menschliche Aktivität zusammengehen, um das Ziel der Gerechtigkeit zu verfolgen (und doch nie zu erreichen), muss als überwältigend präsent unterstellt werden. Dabei geht es Luther eigentlich gar nicht um „gute Werke" im Sinne überpflichtmäßiger Leistungen, sondern um das grundsätzliche Verhältnis von Glauben und Handeln. Denn nach seiner Auffassung darf man zwischen „profanen" und „guten" Werken gar nicht unterscheiden; alle Handlungen, die aus dem Glauben heraus geschehen, sind „gute" Werke, auch und gerade wenn sie keine speziell religiösen Absichten verfolgen. Man muss es dieser religiösen Stimmungslage und der ihr entsprechenden theologischen Diskussionsprägung zurechnen, wenn hier derselbe Grundsatz vom Glauben als alleinigem Ursprung guter Werke so oft abgewandelt und wiederholt wird.

§ 25 wie man alle Lehre verstehen soll, welche gute Werke lehrt

Genau darum schließt auch dieser erste Gedankengang im zweiten Teil unserer Schrift (wieder, wie schon § 18) mit Konsequenzen für die kirchliche Praxis, hier mit der Lehre von den guten Werken. Sie besteht aus zwei Stücken. Einmal müssen die Werke aus der Betrachtungsweise gerückt werden, als Aufbauelemente für das eigene Personsein zu gelten. Das ist die kritische Seite, die das andauernde Ungenügen einer durch Taten zu erschaffenden Person vor Augen stellt. Diese Sicht der Werke ist aber so lange unüberwindlich, als nicht wirklich die Alternative zu dem gesamten Modell des Werdens durch Handlungen vorgeführt wird: das Leben aus Glauben. Auf dessen Ursprung aus der Verheißung zu achten, stellt das andere Stück der Lehre dar. Von den guten Werken ist dann so zu sprechen, dass der Glaube ihr Grund ist, nicht die Forderung des Gesetzes. Es bedarf dieser positiven Verkündigung, damit es nicht etwa den Anschein haben könnte, eine fortgesetzte Kritik an der mangelnden Verwirklichung des Guten ergebe selbst schon eine Einsicht in das Ungenügen des religiös-moralischen Aufbauprogramms. Hier sucht Luther den Anschluss an radikale Bußprediger, denen er sich einerseits verbunden sieht, was die Kritik kirchlicher Missbräuche angeht, von denen er sich aber andererseits absetzt, wenn es um die Predigt der Gnade und des Zuvorkommens Gottes geht. Die Lehre von den guten Werken ist darum eine Lehre von der christlichen Lebensführung überhaupt, in welcher der Unterschied zwischen „bloßen" und „guten" Werken aufgehoben ist. Freiheit besteht in der konsequenten Darstellung des Glaubens unter den Bedingungen endlichen Lebens.

2. Der andere Mensch als äußeres Gegenüber

§26 der Mensch lebt nicht allein in seinem Leib,
  sondern unter anderen Menschen auf Erden
Diese Darstellung der Freiheit erfolgt im leiblichen Leben. Der erste Schritt dieser Darstellung besteht darin, dass der

Leib, der immer dazu verleitete, der Begierde zu erliegen, durch die aus dem Glauben erfolgende Bestimmung durch die Seele in dieser Hinsicht beschränkt wird. Allerdings ist damit die Handlung, die aus dem Glauben erfolgt, noch nicht vollends bestimmt. Diese erste Etappe ließe sich auch noch aus platonischen Grundsätzen herleiten: Der Leib darf die Seele nicht stören. Doch das wäre eine nur negative Bestimmung, die daraus herrührt, dass das Leben – bedauerlicherweise – noch unter diesen endlichen Bedingungen zu führen ist. Darum kommt der Fortsetzung des Gedankens hohe Bedeutung zu. Sie gibt die Eigenart der christlichen Freiheit vollends zu erkennen und lässt sich folgendermaßen beschreiben:

Für den Christenmenschen ist die Seele nicht durch ihre Abgrenzung vom Leib bestimmt, sondern durch ihr Verhältnis zu Gott, in dem sie von dem eigenen unmittelbaren Selbstverhältnis, das sich in der Begierde bemerklich macht, befreit wird. Sie ist nicht länger auf sich selbst, sondern auf einen anderen, Gott, bezogen. Es ist genau dieses Verhältnis der Beziehung zu einem anderen, das nun auch für die positive Bestimmung des Leibes im Horizont der endlichen Welt maßgeblich wird. Denn in dem Augenblick, in dem die Herrschaft der Begierde als Grundmuster der Aneignung der Welt unterbrochen ist, stellt sich die Frage nach der nun verbleibenden bzw. sich neu eröffnenden Bestimmung des Leibes. An dieser Stelle kommt dann der Sachverhalt in den Blick, dass das endliche menschliche Leben erhalten werden muss – und dass diese Notwendigkeit auch den zwischenmenschlichen Umgang miteinander prägt. So, wie auf der Basis der Begierde die Versuche der Selbsterhaltung miteinander in Konflikt geraten, wenn es um die Sicherung des eigenen Lebens geht, so wird nun die Sichtweise umgewendet: Es ist nicht das

Gegeneinander, sondern das Füreinander, das das Verhältnis des Christenmenschen zu anderen Menschen prägt.

So, wie der eigene Leib nicht länger für sich ist und gegenüber der Seele als Anhaltspunkt der Begierde wirkt, so ist er auch nicht länger nur auf sich selbst bezogen und nur um sich selbst besorgt, wenn er unter anderen Menschen lebt. Der Christenmensch lebt für Gott, weil er von Gott her lebt – im Glauben. Und er lebt für andere, weil er – aufgrund des Glaubens – für Gott lebt. Für den Christenmenschen gilt: *Es soll seine Meinung in allen Werke frei und nur daraufhin ausgerichtet sein, dass er anderen Leuten damit diene und nützlich sei.* Gegenseitiger Dienst und Nutzen: Das stellt die äußere Form christlichen Handelns dar. Darin spricht sich die Einsicht aus, dass sich die Nöte und Beschwernisse endlichen Lebens nur gemeinsam bewältigen lassen – und dass diese Gemeinsamkeit nur in der Gestalt eines gegenseitigen Dienens erfolgreich sein kann. Von Gott her ist in jedem Fall für den Erhalt des leiblichen Lebens gesorgt. Darum kann man auch sagen, dass Gott durch das leibliche Leben gelobt wird.

Das biblische Grundmuster dieses sachlich schlüssigen Gedankens entnimmt Luther dem Philipperbrief des Paulus. Hier findet sich in der Tat ein Argumentationszusammenhang, der Luthers Ausführungen vorabbildet. In Phil 2 geht es Paulus um die Grundlegung christlichen Handelns in der Gemeinde. Dafür setzt er seine eigene Existenz als Apostel voraus, mit der er den Christen gedient hat – und erweitert diesen Gedanken zum gegenseitigen Dienst der Menschen in der Gemeinde: dass *einer dem anderen diene und ein jeder nicht auf sich selbst und das Seine Acht habe, sondern auf den anderen und was diesem nötig ist.* Die besondere apostolische und die allgemeine christliche Existenzform sind gleichgestaltet. Und beide gründen in der Existenzform Christi selbst. In Phil 2,5–7 nimmt nämlich Paulus einen alten Hymnus auf, der das Leben Christi als Weg der Erniedrigung und des Dienstes besingt, und wendet diese existentiale Aussage ethisch an: dass Christus es nicht als einen Raub, also als einen ihm selbst vorbehaltenen Besitz nahm, dass er von göttlicher Gestalt war, sondern *obwohl er frei war, doch um unsertwillen ein Knecht geworden ist.* Dass Luther hier die *göttliche Gestalt* auf den Menschen Jesus bezieht und nicht wie der alte Hymnus auf Christus als mythologisches Himmelswesen, sei nur angemerkt; auch dass er die nachfolgende Erhöhung gewissermaßen in die Erniedrigung hineinliest. Man könnte aus beidem wichtige Folgerungen für Luthers Lehre von Christus ziehen.

Wir haben damit die Einsicht erreicht, die in der Abfolge der Bibelworte in § 1 vorgebildet war: dass die Existenzform der Christen und des Apostels in der Existenzform Christi ihren wahren und einzigen Grund hat – und dies die Gestalt der christlichen Freiheit darstellt.

§ 27 ein Christenmensch ... wie Christus, sein Haupt

Ein Christenmensch ist wie Christus, sein Haupt. Darin wird festgehalten, dass das Leben der Christenmenschen in Christus gegründet ist – und zugleich die Christenmenschen ins Leben Christi aufgenommen werden. Die christliche Freiheit stellt sich als eine reale Lebensbewegung dar, nicht als ein beschreibender Begriff, dessen Verwirklichung noch aussteht.

Dabei sind die uns nun wohlbekannten zwei Merkmale bestimmend. Einmal: *Der Glaube gibt alles, was Christus und Gott haben.* Das ist der Grund der Freiheit. Aus ihm geht sodann die Darstellung der Freiheit hervor: Der Christenmensch *soll ... sich umgekehrt bereitwillig zum Diener machen, um seinem Nächsten zu helfen, mit ihm verfahren und ihn behandeln, wie Gott mit ihm durch Christus gehandelt hat.* Im Zusammenhang dieser beiden Sätze hat die Anschauung von der Freiheit eines Christenmenschen ihren Inbegriff gefunden.

Doch aus dem Blickwinkel eines Beobachters den Inbegriff zu formulieren, damit ist es noch nicht getan. Es ist bezeichnend, dass Luther an dieser Stelle in eine auffordernde Selbst-Anrede des Menschen übergeht. *Wohlan ...,* so beginnt die Selbstaufforderung des Menschen, sich als denjenigen wahrzunehmen, dem Gott *Gerechtigkeit und Seligkeit* gegeben hat. *Nun, so will ich ...,* setzt sich die Selbstaufforderung fort, *meinem Nächsten auch ein Christ werden, wie Christus mir geworden ist, und nichts anderes tun, als nur das, was ich sehe, dass ihm nötig, nützlich und förderlich ist.* Und daran schließt sich die Selbstbeobachtung an: *Sieh, so fließen aus dem Glauben die Liebe und Lust zu Gott, und aus der Liebe ein freies, bereitwilliges, fröhliches Leben, um dem Nächsten umsonst zu dienen.* Die theologisch-begriffliche Beschreibung des Zusammenhangs von Glaube und Liebe muss in die eigene Lebenserfahrung übergehen – dazu ist die Selbstaufforderung der richtige Weg. Erst in dieser Selbstanwendung verwirklicht sich die Freiheit des Christenmenschen als Gestalt der christlichen Existenz.

Es ist erstaunlich, in wie hohem Maße die Formulierungen dieses Paragraphen den beiden Thesen aus § 1 folgen – nur dass nun aufgrund der dazwischenliegenden Argumentationen der Zusammenhang eingesehen werden kann. Es handelt sich in den beiden als Gegensatz formulierten Thesen nicht um einen sachlichen Widerspruch, sondern um einen Zusammenhang, der sich durch innere Bewegung und fortdauernde Beweglichkeit auszeichnet.

§ 28 in diesem Sinne sollen auch alle Werke getan werden
Wie auch sonst, schließt Luther systematisch gewichtete
biblische Beispiele und Belege (§ 28) sowie eine Lehre an (§ 29),
hier bezogen auf den persönlichen Umgang mit guten Werken.

Die Beispiele in § 28 beziehen sich einmal auf den Umgang
mit religiösen Vorschriften und Gesetzen, sodann auf das Verhalten zu obrigkeitlicher Ordnung und ihr entsprechenden
Anordnungen. Maria und Paulus werden als biblische Gestalten genannt, die den überlieferten Traditionen folgen, ohne
es zu müssen. Für Maria ist es der Besuch des Tempels nach
ihrer Reinigung vom Wochenbett (Lk 2,22–24), für Paulus
die Beschneidung des Timotheus (Apg 16,3), die ja nach seiner
expliziten Lehre nicht nötig ist. Dass dagegen Titus unbeschnitten bleibt (Gal 2,3), deutet Luther als Widerstand des
Paulus gegen die Behauptung einer entsprechenden Pflicht.
Die Geschichte vom Tempelgroschen (Mt 17,24–27), in der Jesus diese Steuer zu zahlen empfiehlt, sie aber zugleich relativiert, fällt ebenso unter die Kategorie des frei geleisteten
Gehorsams. Diese Beispiele sollen den Umgang mit religiösen Werken anleiten; sie können frei getan werden, wenn sie
sich als Konsequenzen des Gehorsams aus dem Glauben darstellen und nicht als verpflichtende, das Heil bewirkende
Taten missverstanden werden.

Etwas anders verhält es sich mit der obrigkeitlichen Ordnung. Hier sind zunächst Röm 13,1–7 und Tit 3,1 einschlägig
mit ihrem Aufruf zur Anerkennung der Obrigkeit. Es kommt
deutlicher als bei den religiösen Vorschriften zur Sprache,
dass die obrigkeitlichen Forderungen auch in einen Konflikt
stürzen können, wenn ihr Sinn nicht eingesehen oder wenn
sogar Unrechtes gefordert wird. Hier rät Luther dazu, dem
Willen des Gebietenden zu gehorchen, wenn nicht etwas

gegen Gottes Willen geboten, also als heilsnotwendig aus-
gegeben wird. An dieser Stelle taucht eine Inkonsequenz bei
Luther auf, die seinem zeitgeschichtlich begrenzten Urteils-
vermögen geschuldet ist. Denn die sozialtheoretischen und
politischen Konsequenzen seines Ansatzes konnte er nur sehr
eingeschränkt ziehen. Das sehen wir in § 29 noch deutlicher.

**§ 29 *auf diese Weise müssen Gottes Güter aus dem einen
in den anderen fließen und gemeinschaftlich werden,
dass ein jeder sich seines Nächsten annehme, als wäre
er es selbst***

Wie wir bereits in § 28 sehen konnten, geht unter Voraussetzung der zwischenmenschlichen Verbundenheit der Blick
über das individuelle Handeln hinaus; durch die religiösen
Gesetze und die Verfasstheit der Obrigkeit kommen allge-
meinere Strukturen ins Spiel. Leibseelisches Handeln im
Medium der Intersubjektivität bewegt sich immer schon jenseits eines moralischen Individualismus im Umfeld gesell-
schaftlicher Institutionen. Dieser Gedanke ist bei Luther angelegt, wenn er davon spricht, dass *Gottes Güter aus dem
einen in den anderen fließen und gemeinschaftlich werden
und ein jeder sich seines Nächsten annehme, als wäre er es
selbst*. Die darin enthaltenen Folgerungen lassen sich in drei
Schritten entfalten.

Erstens ist zu bedenken, dass das Interesse an dem, *was
den anderen nötig ist*, nicht nur mir als Individuum eigen ist,
sondern allen Christenmenschen. So, wie mein Handeln verfasst ist, gilt das auch für alle anderen. Darum ist mit der
äußeren Form christlichen Handelns sogleich ein Verhältnis
der Gegenseitigkeit gestiftet. Ich bin nicht nur ein zum bestimmten Handeln aufgefordertes Subjekt, sondern auch Teil
einer Sozialität, in der sich andere um mich kümmern – und

das ist ja in der Tat eine Erfahrung, die jeder Mensch immer wieder macht. Man könnte sogar erwägen, ob die Bestimmung zur Gegenseitigkeit und die Erfahrung, dass andere Menschen für mich da sind, nicht Vorrang haben gegenüber dem Handlungsimpuls, der mir als Individuum mitgegeben wird.

Diese Überlegung führt weiter zu dem zweiten Schritt, den Verhältnissen, unter denen solche Gegenseitigkeit gelebt wird. Wenn die natürliche Abhängigkeit der Menschen ihre Situation in der Welt kennzeichnet und wenn die tätige Solidarität es mit dieser aufzunehmen beansprucht, dann ist es vor allem nötig, solche Verhältnisse der Naturbearbeitung und Naturaneignung zu schaffen, die es vermögen, das natürliche Leben überhaupt und allgemein zu sichern. Das heißt: Das christliche Interesse an dem, *was den anderen nötig ist*, richtet sich auf den Aufbau tragfähiger Sozialverhältnisse, unter denen sich eine technisch-praktische Aneignung der Natur vollziehen lässt und die zugleich eine moralisch-politische Ordnung der Verteilung der bearbeiteten Naturgüter gewährleisten. Damit reicht die christliche Handlungsorientierung auch über den Kreis der religiösen Gemeinde hinaus, weil derartige Strukturen sich nur allgemein aufbauen und erhalten lassen. Zugleich gilt, dass auf dieser institutionellen Ebene unterschieden werden muss zwischen dem, was ein Individuum vom anderen möglicherweise will, und dem, *was ich sehe, dass ihm nötig, nützlich und förderlich ist*. „Dienstbarkeit" heißt also nicht, sich individueller Willkür anderer zu unterwerfen. Das gilt zumal dann, wenn man nicht mehr, wie Luther es noch vermochte, in der gegebenen Obrigkeit den Umfang des Gemeinwohls abgebildet sehen kann, sondern wenn es darauf ankommt, die gesellschaftlichen Institutionen allererst auf das Gemeinwohl auszurichten, wie es demokratischen Gesellschaften eigentümlich ist.

Drittens allerdings bleibt festzuhalten, dass die persönliche Verantwortung nicht in den Strukturen der Gegenseitigkeit aufgeht. Vielmehr gibt es spontanes Handeln aus freier Hilfsbereitschaft, das über das Erwartbare hinausgeht. Gerade darin bewährt sich ein Moment der Freiheit, das auch durch eine freiheitliche Gesellschaftsordnung nicht ersetzt werden kann und darf. Es ist dieser letzte Gesichtspunkt, den Luther selbst zugespitzt hervorhebt, wenn er davon spricht, *dass ich sogar meinen Glauben und meine Gerechtigkeit für meinen Nächsten vor Gott einsetze, um seine Sünde zu decken, sie auf mich zu nehmen und nicht anders damit umzugehen, als wäre sie mein eigen, ebenso wie es Christus für uns alle getan hat.* Das ist die Liebe, die aus dem Glauben lebt, weil sie nicht das Ihre sucht, wie Paulus 1Kor 13,4–7 sagt.

Diese Überlegung leitet dann auch die Wahrnehmung des religiösen Gebots der Mildtätigkeit und die eigene religiöse Praxis im Umgang mit materiellen Gütern. Es bleibt die Aufgabe bestehen, die als Ergebnisse eigener Tätigkeit selbständig werdenden Werke nicht reflexiv auf die Täter zurückzubeziehen, sondern in ihrer Ausrichtung auf das Wohl des Nächsten hin zu belassen. Wenn dieser Handlungssinn erhalten bleibt, dann hilft eine solche Praxis auch dazu, bei anderen die selbstsüchtige Rückbeziehung auf die eigene Person zu verhindern. Man muss also mit dem christlichen Handeln in diesem Sinne beginnen, damit die vorauszusetzende Allgemeinheit der Gegenseitigkeit auch Wirklichkeit wird. Denn genau dies darf und muss man erwarten: dass es nicht beim Gefälle bleibt zwischen denen, die als Christenmenschen handeln, und denen, denen ihre Taten zugute kommen. Vielmehr entsteht durch den tätigen Einsatz der eigenen Person das Netz der Gegenseitigkeit, in dem die Einheit des Leibes Christi als die Bestimmung des Menschengeschlechts sichtbar wird.

§ 30 aus dem allen ergibt sich die Folgerung, dass ein
  Christenmensch nicht in sich selbst lebt, sondern
  in Christus und in seinem Nächsten

Zween beschlusz, zwei Thesen, hatte Luther an den Anfang
seines Traktats gestellt. Sie sind nun zu einem einzigen *beschlusz* geworden. Der starre Gegensatz des Anfangs hat sich
in eine bewegliche Geschichte übersetzt. Eigentlich muss
man den Text dieses § 30 nur noch zitieren, womöglich einmal
laut lesen, um ihn in seiner Einfachheit und Eindringlichkeit
auf sich wirken zu lassen. Es soll aber doch noch einmal die
Geschichte erzählt werden, um die es in der ganzen Schrift
geht.

Die Freiheit eines Christenmenschen wird der Unfreiheit
abgerungen. Der geistliche Mensch, der dem leiblichen Menschen gegenübersteht, ist der alte Mensch. Der geistliche
Mensch oder die Seele muss den leiblichen Menschen aus
Fleisch und Blut bestimmen und regieren. Sofern die Seele
aber aus dem Unterschied zum Leib lebt, bleibt sie offen oder
verschwiegen auf sich selbst bezogen, wenn sie nach einer
Orientierung für die Bestimmung des Leibes sucht. Darum
bleibt sie darauf festgelegt, sich selbst zu erhalten; welche
Umwege der Erkenntnis und Willensbestimmung sie auch
immer verfolgt. Am Ende bleibt sie von Gegenständen in der
Welt, auf die sie im Interesse der Selbsterhaltung ihre Begierde richtet, abhängig. Der Mensch in dieser Verfassung ist
und bleibt alter Mensch, der nicht von sich selbst loskommt.
Seine Unfreiheit steht am Anfang.

Der alte Mensch wird in den neuen Menschen verwandelt. Das geschieht in drei Schritten. Der erste ist die Anrede,
in der er auf die Verfassung seiner Existenz angesprochen
und mit ihr konfrontiert wird. Weil ihn diese Anrede in der
Mitte seiner Existenz trifft, kann er ihr nicht ausweichen. Der

zweite Schritt ist die Anrede, die ihm angesichts seines Lebens als alter Mensch eine neue Perspektive eröffnet, indem Christus die unmittelbare Selbstbezogenheit durchbricht und ihm die Beziehung zu Gott eröffnet. In dieser Verbindung mit Christus besteht das Leben des neuen Menschen, der seiner Bestimmung von Gott her folgt. Die Wirklichkeit des Lebens des neuen Menschen ist der Glaube; das ist der dritte Schritt, der sich aus dem zweiten ergibt. Der neue Mensch empfängt durch die Gemeinschaft mit Christus alles, was sein Leben bestimmt. Er lebt ganz aus Gott, er lebt in Lust und Liebe zu Gott.

Im Leben des neuen Menschen stellt sich seine Bestimmung durch Gott im eigenen freien Handeln dar. So, wie die durch Christus bestimmte Seele nun den Leib regiert, so dient der Leib dem Nächsten, mit dem der Christenmensch die gemeinsame Welt und alle Notwendigkeiten des Lebenserhaltes teilt. So, wie Lust und Liebe zu Gott in der Seele herrschen, so durchdringen Lust und Liebe das Leben zwischen den Menschen. Dabei baut sich zwischen ihnen das Verhältnis der Gegenseitigkeit auf, in dem jeder dem anderen beisteht und sie sich gemeinsam um tragfähige Verhältnisse für Erhalt und Gestaltung leiblichen Lebens bemühen.

Das ist die Geschichte, in der lebt, wer ein Christenmensch ist. Eine Geschichte, deren Bewegung nicht aufhört: *Durch den Glauben fährt der Christenmensch über sich in Gott. Aus dem Glauben fährt er unter sich durch die Liebe und bleibt doch immer in Gott und göttlicher Liebe.* Es sind Gott und seine Liebe, wie sie in Christus erschienen und uns zugeeignet ist, die den Lebensraum des Christenmenschen ausmachen. In Gott und göttlicher Liebe leben, heißt darum, in Christus leben. Dank ihm als Haupt sind wir als seine Glieder mit ihm vereint. Nur auf diesem Hintergrund erklärt sich das

überraschende und eigentümliche Zitat aus Joh 1,15, mit dem
Luther diesen Paragraphen schließt: dass der Himmel offen-
steht und die Engel über dem Sohn des Menschen auf- und
absteigen. Bei Johannes ist dieses Bild vom offenen und sich
mitteilenden Himmel auf Christus als den Menschensohn
bezogen. Luther weitet es aus, indem er dazu auffordert, auch
die Christenmenschen als Menschensöhne wie Christus zu
verstehen. Wie kann man die Einheit mit Christus schöner
und kühner als in diesem erstaunlichen biblischen Bild zum
Ausdruck bringen?

*Siehe, das ist die rechte geistliche christliche Freiheit, die
das Herz frei macht von allen Sünden, Gesetzen und Geboten,
welche alle andere Freiheit übertrifft wie der Himmel die
Erde.* Luthers letzte Sätze fordern dazu heraus, die Kontur der
christlichen Freiheit im Unterschied zu anderen Freiheitsverständnissen hervorzuheben. Ihre Eigentümlichkeit lässt sich
in Analogie zu den eben unterschiedenen Momenten der
Freiheitsgeschichte folgendermaßen beschreiben:

Der erste Schritt ist ein Rückgang hinter die immer schon
stattfindende Selbstbestimmung des Menschen im Blick auf
die Welt, in der wir leben. Denn es wird nach der Bestimmung
gefragt, die in der stets tätigen Selbstbestimmung am Werke
ist. Damit geht es um die Seele, den geistlichen Menschen an
sich selbst. In dieser Perspektive kommt die christliche Freiheit mit denjenigen Konzepten von Freiheit überein, die den
Menschen aus seiner Verquickung mit der Welt herauslösen.
Wir nannten diese Frage nach der Bestimmtheit der Selbstbestimmung oben (§ 3) die transzendentale Betrachtung des
Menschen, wie sie etwa für die Philosophie Immanuel Kants
maßgeblich ist.

Der zweite Schritt liegt in der Bestimmung der Seele des
Menschen durch das Wort Gottes, wie es in Christus ausge-

sprochen wird. Damit unterscheidet sich Luthers Vorschlag, die Freiheit zu verstehen, vom Vorgehen Kants, der diese Bestimmung im Sittengesetz sieht, welches den Menschen erlaubt, die eigenen vereinzelten Handlungen aufs Allgemeine zu beziehen. Die christliche Freiheit begründet sich nicht durch das Gesetz und seine Allgemeinheit, sondern durch das Wort, das den Menschen anredet. Dabei baut sich über das anredende Wort ein unbedingtes Verständnis des eigenen Inneren auf, dem klar wird, dass es sich, wenn überhaupt, nur aus Gott empfangen kann. Für die Wirkung dieses Wortes ist nicht etwa die Voraussetzung ausschlaggebend, dass es sich um „Gottes Wort" handelt. Vielmehr wirkt das Wort Christi eben in der Weise, dass es die eigene Existenz erkennen und Gott vertrauen lehrt. Man könnte diesen Vorgang so nennen, dass durch das Wort als das Wort Christi die transzendentalen Strukturen erkannt und angeeignet werden, die das menschliche Leben vor Gott bestimmen.

Daraus folgt nun aber auch die Eigentümlichkeit der praktischen Selbstdarstellung der christlichen Freiheit. Stets gilt für alle denkbaren Freiheitsbegriffe, dass sie in der Lage sein müssen, Individualität und Allgemeinheit zueinander ins Verhältnis zu setzen. Bei Kant als dem nächsten Vergleichspunkt für Luthers Freiheitsverständnis läuft diese Vermittlung über die gemeinsame Pflicht, derer alle Vernunftwesen innewerden, also über die Grundlagen des Handelns. Für Luther ist es das gemeinsame, bedürftige Dasein in der zwischenmenschlich erschlossenen und zu verantwortenden Welt, welches das Maß des Handelns vorgibt. Daher wird die christliche Freiheit nicht über die Allgemeinheit der Pflicht gesteuert, sondern über das Hinsehen auf den anderen und das Teilnehmen an seinem Lebensgeschick. Dass sich auf dieser Basis auch wieder Fragen der Allgemeinheit stellen, versteht sich von selbst; sie lassen sich aber nur so lösen, dass die Individualität der einzelnen Menschen den Ausgangspunkt bildet. Dass es dabei zu einer Vereinbarung von Individualität und Allgemeinheit kommt, hängt am Ende daran, dass es in der intersubjektiven Gegenseitigkeit zwischen den Menschen die Gegenseitigkeit von Gott und Mensch ist, die für deren Gelingen einsteht.

Damit erklärt sich zuallerletzt auch der äußerste Rahmen von Luthers Traktat. Über seinen Ausführung steht: *Jesus*. Man muss das, wie wir jetzt sagen können, als Anrede auffassen. Als Anrede wie in einem Gebet. Und genau diese Anrede wird am Ende aufgenommen und eingeholt, wenn die Realität der christlichen Freiheit in die Form der Bitte an Gott gefasst wird: *Diese Freiheit gebe uns Gott recht zu verstehen und zu behalten. Amen.*

C
Anhang

GLIEDERUNG VON LUTHERS FREIHEITSSCHRIFT

§ 1–2   Eröffnung: Christsein ist Freisein durch Christus
  § 1 Freiheit und Dienstbarkeit und ihr Grund in Christus
  § 2 Die Doppelnatur des Menschen und die Notwendigkeit
     ihrer Verwandlung

§ 3–18   Der innere Mensch
  § 3–10 Die Freiheit des Menschen im Glauben
    § 3–4 Keine Freiheit durch „äußere Dinge"
    § 5 Die Bestimmung des inneren Menschen durch
      das Wort Gottes
    § 6–7 Die Gabe und der Gebrauch des Wortes Gottes
      im Glauben
    § 8–9 Die Anredeform des Wortes Gottes in der Bibel:
      Gebot und Gesetz // Verheißung und Zusage
    § 10 Fazit: Freiheit im Glauben, Glaube als Freiheit
  § 11–17 Der Gehalt des Glaubens und seine Geschichte
    § 11 Die Anerkennung Gottes und der Überschuss
      über das Handeln
    § 12 Die Einheit mit Christus und die Unschädlich-
      keit der Sünde
    § 13 Die Erfüllung des Ersten Gebots als Weg zur
      Erfüllung aller Gebote
    § 14–17 Die Gabe Christi: Königtum und Priestertum
      der Christenmenschen
      § 14 Christus als König und Priester
      § 15 Die Christenmenschen als Könige
      § 16–17 Die Christenmenschen als Priester (und
        die Kritik an der Verkehrung des Pries-
        teramts)
    § 18 Fazit: Die rechte Weise der Predigt und das ewige Leben

§ 19–28 Der äußere Mensch
  § 19–25 Der eigene Leib als inneres Gegenüber
  § 26–28 Der andere Mensch als äußeres Gegenüber

§ 29   Die Regel der Gebote

§ 30   Beschluss

LITERATUR

I. Text und Bibliographien

D. Martin Luthers Werke. Kritische Gesamtausgabe. (Weimarer Ausgabe = WA), Bd. 7, Weimar 1897. Dort der deutsche Text S. 20–38, der lateinische Text S. 49–73.

Martin Luther, Deutsch-deutsche Studienausgabe, Bd. 1, hrsg. v. Dietrich Korsch, Leipzig 2011, S. 277–315.

Martin Luther, Lateinisch-deutsche Studienausgabe, Bd. 2, hrsg. v. Johannes Schilling, Leipzig 2006, S. 101–185.

Josef Benzing/Helmut Claus, Lutherbibliographie. Verzeichnis der gedruckten Schriften Martin Luthers bis zu dessen Tod. Bd. I, 2. Auflage (Bibliotheca Bibliographica Aureliana 19), Baden-Baden 1989.

Verzeichnis der im deutschen Sprachraum erschienenen Drucke des XVI. Jahrhunderts VD 16, Stuttgart 1983–2000.

Eine fortlaufende Luther-Bibliographie findet sich seit 1929 (Jahrgang 11) in: Lutherjahrbuch. Organ der internationalen Lutherforschung. Im Auftrag der Luther-Gesellschaft hrsg. v. Christopher Spehr, zuletzt Bd. 82, Göttingen 2015.

II. Einführungen ins Luther-Studium

Luther Handbuch, hrsg. v. Albrecht Beutel, 2. Aufl. (UTB 3416), Tübingen 2010. Darin viele gute Artikel zu allen wichtigen Einzelthemen von Luthers Theologie.

Gerhard Ebeling, Luther. Einführung in sein Denken, (1. Aufl. 1964), 5. Auflage (UTB 1090), Tübingen 2006.

Dietrich Korsch, Martin Luther. Eine Einführung, 2. Aufl. (UTB E2956) Tübingen 2007; eBook.

III. Zur Auslegung der Freiheitsschrift

Eberhard Jüngel, Zur Freiheit eines Christenmenschen. Eine Erinnerung an Luthers Schrift (1978) in: Ders., Indikative der Gnade – Imperative der Freiheit. Theologische Erörterungen IV, Tübingen 2000, S. 84–160.

Gerhard Ebeling, Die königlich-priesterliche Freiheit, in: Ders., Lutherstudien III: Begriffsuntersuchungen – Textinterpretationen – Wirkungsgeschichtliches, Tübingen 1985, 157–180.

Karin Bornkamm, Christus – König und Priester. Das Amt Christi bei Luther im Verhältnis zur Vor- und Nachgeschichte, Tübingen 1998, bes. S. 135–214: Das Amt Christi in Luthers Freiheitsschrift.

Dietrich Korsch, Freiheit als Summe. Über die Gestalt christlichen Lebens nach Martin Luther, in: Neue Zeitschrift für Systematische Theologie und Religionsphilosophie 40, 1998, S. 139–156.

Joachim Ringleben, Freiheit im Widerspruch. Systematische Überlegungen zu Luthers Traktat „Von der Freiheit eines Christenmenschen", in: Ders., Arbeit am Gottesbegriff. Bd. I: Reformatorische Grundlegung, Gotteslehre, Eschatologie, Tübingen 2004, S. 3–17.

Reinhold Rieger, Von der Freiheit eines Christenmenschen. De libertate christiana (Kommentare zu Schriften Luthers. 1), Tübingen 2007.

Georg Schmidt, Luthers Freiheitsvorstellungen in ihrem sozialen und rhetorischen Kontext (1517–1521), in: Dietrich Korsch, Volker Leppin (Hrsg.), Martin Luther – Biographie und Theologie (Spätmittelalter, Humanismus, Reformation 53), Tübingen 2010, S. 9–30.

Reinhard Schwarz, Luthers Freiheitsbewußtsein und die Freiheit eines Christenmenschen, ebd., S. 31–68.

Reinhard Schwarz, Martin Luther. Lehrer der christlichen Religion, Tübingen 2015.

ZEITTAFEL

1483   Martin Luther wird am 10. November in Eisleben geboren
1484   Übersiedlung der Familie nach Mansfeld
1486–1525 Friedrich der Weise Kurfürst von Sachsen
1493–1519 Kaiser Maximilian I.
1496–1501 Schulbesuch Luthers in Magdeburg und Eisenach
1503–1513 Papst Julius II.
1501–1505 Studium der Artes liberales in Erfurt
1505   Eintritt ins Erfurter Kloster der Augustinereremiten
1507   Priesterweihe Luthers, danach Studium der Theologie in Erfurt
1509   Promotion zum Baccalaureus biblicus in Erfurt
1510/11   Reise nach Rom in Angelegenheiten seines Ordens
1511   Abordnung an die Universität Wittenberg;
          seitdem in Wittenberg
1512   Promotion zum Doktor der Theologie in Wittenberg
1513–1515 Erste Vorlesung über den Psalter
1513–1521 Papst Leo X.
1515/16   Vorlesung über den Römerbrief

1517   „Thesenanschlag", Beginn des Ablassstreites
1518   Berufung Philipp Melanchthons (1496–1560) als Professor
        des Griechischen an die Universität Wittenberg
                Verhör Luthers durch Kardinal Cajetan in Augsburg
1519–1556 Karl V. (1500–1558) deutscher Kaiser
1519   Disputation Luthers und Karlstadts mit Johannes Eck
        in Leipzig: Kritik am Papsttum
1520   Bannandrohungsbulle gegen Luther. – Veröffentlichung des
        reformatorischen Hauptschriften Von den guten Werken,
        An den christlichen Adel deutscher Nation von des christlichen
        Standes Besserung, Von der babylonischen Gefangenschaft der
        Kirche, Von der Freiheit eines Christenmenschen
                Verbrennung der Bannandrohungsbulle
1521   Bann gegen Luther
                Verhör auf dem Reichstag zu Worms. Reichsacht über
                Luther und seine Anhänger
                Aufenthalt auf der Wartburg (bis Frühjahr 1522); Arbeit
                an der Übersetzung des Neuen Testaments sowie
                zahlreichen Schriften
1522   Rückkehr nach Wittenberg. Ausbreitung der reformatorischen
        Bewegung
                Erstes Erscheinen des *Neuen Testaments Deutsch*
                („Septembertestament")
1525   Bauernkrieg in Thüringen. – Heirat Luthers mit Katharina
        von Bora
                De servo arbitrio gegen Erasmus von Rotterdam
1525–1532 Johann der Beständige Kurfürst von Sachsen
1526   Schlacht bei Mohács: Sieg der Türken über die Ungarn
1527   Beginn der innerreformatorischen Auseinandersetzungen
        über das Abendmahl
1529   Erscheinen des Kleinen und des Großen Katechismus
                Scheitern des Marburger Abendmahlsgesprächs
                mit Zwingli
1530   Reichstag zu Augsburg; Luther darf wegen der Reichsacht
        Kursachsen nicht verlassen und bleibt auf der Veste Coburg.
        Melanchthon verfasst im Auftrag der evangelischen Stände
        das grundlegende Bekenntnis des Luthertums, die *Confesssio*
        Augustana

1531   Zusammenschluss evangelischer Stände zum Schmalkal-
dischen Bund

1532–1547 Johann Friedrich der Großmütige Kurfürst von Sachsen

1534   Erscheinen der ersten vollständigen hochdeutschen Bibel
in Luthers Übersetzung

1536   *Disputatio de homine. – Wittenberger Konkordie,* in der sich
die Wittenberger Theologen mit Martin Bucer (für die Ober-
deutschen) über die Auffassung des Abendmahls verständigen

1537–1539 Heftiger Streit in Wittenberg zwischen Luther und seinem
ehemaligen Schüler Johann Agricola über den Sinn und die
Geltung der theologischen Kategorie „Gesetz"

1538   Nürnberger Bund der katholischen Stände gegen die
Protestanten

1539   Erscheinen des ersten Bandes der deutschen Reihe der
Wittenberger Gesamtausgabe der Werke Luthers

1540–1541 In Religionsgesprächen in Hagenau, Worms und Regensburg
wird vergeblich eine tragfähige Verständigung zwischen den
Religionsparteien gesucht

1544   Einberufung eines Konzils durch Papst Paul II. nach Trient
(eröffnet 1545)

1545   Erscheinen des ersten Bandes der lateinischen Reihe der
Wittenberger Gesamtausgabe der Werke Luthers

1546   Martin Luther stirbt am 18. Februar in seiner Geburtsstadt
Eisleben

Martin Luther

Lateinisch-deutsche Studienausgabe

Herausgegeben von Wilfried Härle, Johannes Schilling und
Günther Wartenberg † unter Mitarbeit von Michael Beyer

Band 1: Der Mensch vor Gott

Unter Mitarbeit von Michael Beyer
hrsg. und eingel. von Wilfried Härle

720 Seiten | 14 x 21 cm
Hardcover | Fadenheftung
ISBN 978-3-374-02239-7
EUR 38,00 [D]

Band 2: Christusglaube und Rechtfertigung

Hrsg. und eingel. von Johannes Schilling

560 Seiten | 14 x 21 cm
Hardcover | Fadenheftung
ISBN 978-3-374-02240-3
EUR 38,00 [D]

Band 3: Die Kirche und ihre Ämter

Hrsg. von Günther Wartenberg † und Michael Beyer
und mit einer Einleitung von Wilfried Härle

800 Seiten | 14 x 21 cm
Hardcover | Fadenheftung
ISBN 978-3-374-02241-0
EUR 38,00 [D]

EVANGELISCHE VERLAGSANSTALT
Leipzig   www.eva-leipzig.de

Tel +49 (0) 341/ 7 11 41 -16   vertrieb@eva-leipzig.de

Martin Luther
Deutsch-deutsche Studienausgabe
Herausgegeben von Johannes Schilling mit Albrecht Beutel,
Dietrich Korsch, Notger Slenczka und Hellmut Zschoch

Band 1: Glaube und Leben

Hrsg. u. eingel. von Dietrich Korsch

704 Seiten | 14 x 21 cm | mit 18 Abb.
Hardcover | Fadenheftung
ISBN 978-3-374-02880-1
EUR 48,00 [D]

Band 2: Wort und Sakrament

Hrsg. u. eingel. von Dietrich Korsch und Johannes Schilling

928 Seiten | 14 x 21 cm | mit 15 Abb.
Hardcover | Fadenheftung
ISBN 978-3-374-02881-8
EUR 68,00 [D]

Band 3: Christ und Welt

Hrsg. u. eingel. von Hellmut Zschoch

ca. 928 Seiten | 14 x 21 cm | mit ca. 15 Abb.
Hardcover | Fadenheftung
ISBN 978-3-374-02882-5
ca. EUR 78,00 [D] | erscheint November 2016

EVANGELISCHE VERLAGSANSTALT
Leipzig www.eva-leipzig.de

Tel +49 (0) 341/ 7 11 41 -16   vertrieb@eva-leipzig.de